U0055447

奧修・奧義書（上）

Osho Upanishad Vol.1

奧修 OSHO 著

李奕廷 Vivek 譯

譯者序

根據現代研究，奧義書（upanishad）的意思是「坐在知道的人旁邊」，因此有「秘傳」的意味，被歸類於印度的吠陀文獻。依據年代可概分為紀元前八百年到五百年出土的古奧義書與之後出土的新奧義書。已經出土的古奧義書有十多種，比較著名的如歌者奧義書、自在奧義書、廣林奧義書；而比較著名的新奧義書則有彌勒奧義書。奧義書的內容主要在探究代表宇宙的「梵」與個人的「我」，另一個重要的觀念則是輪迴與因果，對於印度的宗教和哲學的發展有很大的影響，包括佛教、印度教、耆那教，甚至現代的西方哲學，都可見到奧義書的影子。

奧修則解釋奧義書是一個新階段的開始，它是關於師父和弟子之間的：

「奧義書是一個愛情事件——師徒間的愛情事件，師父隨時準備要分享的愛情事件。他只是一朵雨雲，隨時準備要灑落。而弟子隨時準備要接受——敞開的，沒有關上任何窗戶的、沒有任何保留的——完全有接受性的。每當弟子是完全有接受性的，師父洋溢

著狂喜，奧義書就發生了。」

第一五二頁

奧義書包含了整個神祕學校的運作方式：

「奧義書是最短的路。弟子和師父都不用做任何事。作為不是它的一部分。我引述過偉大的禪宗詩人芭蕉的話語很多次：「靜靜的坐著，不做任何事，當春天來臨，綠草會自行生長。」就奧義書的方法而言，甚至連不做任何事也不需要。奧義書甚至不會要求你靜靜的坐著和不做任何事。即使不做任何事也是一個作為。因此我說奧義書的方法是整個人類的意識和發展中最神秘的方法。」

第一五五頁

「奧義書不會只收集某個人的話語。每本奧義書都包含了很多成道者的話語，而且沒有署名。話語從未這麼重要過，從未達到這樣的高度，那些讓它們發生的人都保持是匿名的。這是如此美麗，擁有無窮的美，因為他們知道：我們不做任何事。只是成為通道。某件事透過我們發生。」

第一五八頁

很幸運的，我們能夠一睹奧修奧義書，誠摯的邀請您一起進入它。

目錄

第一章
神秘學校：和奇蹟相遇

奧修，可否請你談談神祕學校在做什麼？

我鍾愛的：

你們今天能在這兒是被祝福的，因為我們將開始師父和弟子間的一個新系列的講道。

這不只是一本新書的誕生，也是一個新階段的宣告。今天，一九八六年八月十六日，星期六，晚上七點，這一刻——將會被銘記為歷史性的一刻，你們是被祝福的，因為你們參與其中。你們創造了它；沒有你們，它就無法發生。

書可以被寫下，可以讓機器聽寫，但我將要開始的是完全不同的。它是奧義書。

被遺忘許久的、所有語言中能看到的其中一個最美麗的話語、非常有生命力的話語，師父的存在，只要允許他帶你進入他自己的光、喜樂和世界。

那就是神祕學校在做的。

師父得到了。弟子也得到了，師父知道了，但弟子還熟睡著。

神秘學校的工作就是把意識帶給弟子、喚醒他、讓他成為他自己，因為全世界都試著使他成為某個人。

在那兒，沒人在乎你和你的潛力、實相、存在。每個人都有他的既得利益，即使是那些愛你的人。不要生他們的氣；他們跟你一樣都是受害者。他們跟你一樣無意識。他們以為他們做的一切是在愛你；但實際上他們做的一切是摧毀性的。而愛永遠都不會是摧毀性的。愛存在或者不存在。但愛帶來創造力的所有可能性和各種維度。它帶來自由，而世界上最大的自由就是人能夠成為自己。

但父母、鄰居、教育體系、教會或政治領袖——沒人想要你成為你自己，因為對他們而言，那是最危險的。成為自己的人無法被奴役。他們嚐到了自由，你無法再把他們變成奴隸。所以最好不要讓他們嚐到自由、自己的存在、潛力、可能性、未來或天賦。這樣他們一輩子就只能在黑暗中摸索、要其它盲人來引導、向那些對存在一無所知、對自己一無所知的人尋求解答。那些人會偽裝——他們被稱為領袖、傳教士、聖人、聖雄，但卻不知道自己。到處都是這種狡猾的人在剝削單純天真的人，用那些自己都不確定的信念毒害他們的頭腦。

神秘學校的功能就是師父——他的話語或沉默、他看著你、他做了某個手勢、或者他只是閉著眼睛坐著——創造了一種能量場。如果你是有接收性的，如果你準備要進入未知的旅程，某個東西會一拍即合，然後你就不再是同一個人。

你看到了某個之前只有耳聞過的——耳聞不會說服你，反而使你懷疑。因為那是如此神秘⋯不合邏輯的、不合理的、不理智的。

然而一旦你看到了，一旦你師父的能量灑落於你，一個新的存在誕生了。你的舊生活結束了。

有一個美麗的故事⋯一個偉大的國王，波斯匿王，去拜訪佛陀。當他們交談時，有個老比丘——一定有七十五歲了——向佛陀頂禮。他說：「請原諒我。我不該插話，但我的時間⋯我必須在日落前到達其他村莊。如果我現在不出發就無法準時抵達。」比丘不會在晚上出門。「我不能沒向你頂禮就走掉，因為無法知道明天會發生什麼；我不知道是否還能向你頂禮。這可能是最後一次。所以請你們原諒我。我不會耽誤你們的談話。」

佛陀說：「我只有一個問題：你幾歲了？」奇怪⋯毫無關聯。比丘說：「我沒很老——只有四歲。」

波斯匿王無法相信——一個七十五歲的人不可能只有四歲！他可能是七十歲或八十歲，那沒問題。很難判斷；每個人衰老的步調不同。但四歲就太過分了！四歲的人不會看起來像七十五歲。

佛陀說：「帶著我的祝福去吧。」

波斯匿王說：「你問了一個不必要的問題使我困擾。你認為這個人只有四歲嗎？」

佛陀說：「我現在解釋。那不是不必要的，不是毫無關聯的。我是為了你問他的——我確實使你困擾——因為你說的話都是無意義的。你在問愚蠢的問題。所以我要讓你問一些有意義的問題。」

「現在這個問題是有意義的。沒錯，他只有四歲，因為我們是從你毫無保留的允許師父、讓自己的整個存在被轉變的那天開始計算年齡。他有七十一年浪費掉了；他只活了四年。我想你會了解到你的六十年都浪費掉了，除非你重生。而重生的方式只有一種，就是接觸某個已經抵達的人，和他有深深的交流。然後真正的生活才會開始。」

神秘學校教你如何生活。它的整個科學就是生活的藝術。自然會包含很多事情，因為生命是多維的。但你必須了解第一步：完全有接受性的、敞開的。

人們像封閉的房子——甚至找不到一扇窗是打開的，沒有任何新鮮的微風吹入那些房子。外面佇立著玫瑰花，卻無法讓它們的芬芳進入房子裡面。太陽每天升起，敲了門又返回；他們是完全耳聾的。他們沒有對新鮮的空氣、陽光、花香和一切敞開。他們不是房子，而是墳墓。

奧義書包含了整個神祕學校的運作方式。

它不屬於印度教或任何宗教。它是完全達成的個體對弟子的流露。

有四個步驟要了解。

第一，學生：他找到一個師父，但從未了解他；他只能了解老師。也許是同一個人，但學生在那兒不是為了轉變或重生。他在那兒是為了學習一點知識。他想要更博學多聞。他提出問題，但那些問題只是理性的，不是存在性的。和他的生命無關，不是生死交關的問題。這種人可能會從一個師父換到另一個師父，他蒐集話語、理論、思想體系和哲學觀。他可能會變得很專業，可能會變成一個學者，但他什麼都不知道。

有些事要了解。關於知識，你可以想要多少就有多少。但你仍會是無知的。然而有一種無知是真正的天真：你什麼都不知道，但你仍達到了知道一切的境界。所以知識是無知的，但有一種無知是智慧。

學生的興趣在於知識。

但有時候會發生：你也許以學生的狀態找到師父，出於好奇，你可能會被他的魅力、眼神或心跳所吸引。你去的時候是學生，但你進入了第二種狀態——變成了弟子。

學生不必要的從一個地方換到另一個地方，從這個經典換成另一個經典。他蒐集了很多，但都是垃圾。

一旦他離開了學生狀態的繭，變成了弟子，他不再徘徊了；開始和師父和諧一致的。他在不知情的狀況下轉變了。他稍後才會發現事情不一樣了。過去他遇到的同樣情況，現在則是完全不同的回應。

懷疑在消失，理性似乎是小孩的遊戲。生命是更豐富的，如此豐富以致於無法用文字包含。當他變成了弟子，他開始聽到某個沒說出來的——文字間的……話語間的……師父突然的停頓……但溝通持續著。

弟子是學生狀態的偉大改變。

在過去，奧義書的時代，那些存在於印度的神秘學校被稱為gurukula。一個有意義的字——意思是「師父的家」。那不是一般的學校。不只是學習的問題；而是處於愛的問題。你不該愛上學校的老師。

但在gurukula，奧義書綻放的地方，那是愛的家。學習的問題是其次的，存在的問題才是重要的。你知道多少並不重要；你存在的狀態才是重要的。師父沒興趣餵養你的生化電腦；你的頭腦。他不打算增加你的記憶，因為那是沒意義的。用機器就可做到了，機器可以做得比你還好。

我聽說有一部電腦。儲存了各種占星術的知識。科學家對電腦下了很多年的工夫，把它存滿了各種占星術的知識，所以他自然想自己提出第一個問題。他想要問一個很困難的問題。表面上那是個簡單的問題，他問電腦：「你現在已經準備好了。可否告訴我：我的父親在哪兒？」

電腦說：「你最好不知道比較好。」

他說：「什麼？為什麼我不知道比較好？」

電腦說：「不要堅持……但如果你想知道，那不是我的問題。你父親去釣魚了。」

那人說：「胡扯。我父親在三年前就死了。我下的工夫都白費了！」

電腦笑了。它說：「不要難過，你的努力並沒白費。三年前死掉的那個人不是你父親。

去問你母親！你父親去釣魚了，他快要回來了。他是你鄰居。」

電腦能做到人類的記憶無法做到的。它可以儲存整個圖書館的資料。你不需要閱讀；你只要問電腦，它會回答。而且很少會出錯，除非停電或者電池壞了。

師父沒興趣把你變成電腦。他關注的是使你成為你自己的光，一個真實的、永恆的存在——不只是知識，不是別人說的，而是你的經驗。

隨著弟子越來越接近師父，會再有一種轉變——弟子變成了奉獻者。這些階段有它的美。

成為一個弟子是一個偉大的革命，但沒有任何事可以和成為一個奉獻者相比。弟子在什麼時候會成為一個奉獻者？他因為師父的能量、光、愛、笑聲和存在而受到很大的鼓勵——他無法回贈任何東西。沒有任何東西是他可以回贈的。直到某個片刻，當他感覺非常感激以致於他只能向師父頂禮。除了自己，他沒有什麼可以給予。從那刻起，他就幾乎是師父的一部份。他和師父的心有著深入的同步性。這就是感激、感謝。

第四個狀態就是他和師父合而為一。

有一個臨濟禪師的故事。他和師父在一起生活幾乎二十年，有一天他坐在師父的椅子上。師父來了，看到臨濟坐在他的椅子上。他只是走向臨濟常常坐的椅子並坐下。什麼話都沒說，但一切不言自明。每個人都感到困惑——「發生什麼事？」最後臨濟對師父說：「你不感到冒犯嗎？我有侮辱到你嗎？我看起來是否忘恩負義？」

師父笑了。他說：「你現在成為師父了。你到家了；從學生變成弟子，從弟子變成奉獻者，從奉獻者變成師父。我很高興，你現在可以分擔我的工作。我不用每天來了；我知道在這兒的某個人有同樣的氛圍和芬芳。」

「事實上，你太懶了。這應該三個月前就發生了；你無法欺騙我。三個月來，我感覺這個人一直在扯我後腿。他可以直接坐上我的椅子，然後我就可以坐他的椅子。你花了三個月才鼓起勇氣。」

臨濟說：「我的天，我以為沒人知道，我只是放在心裡。而你甚至說出它何時發生的。沒錯，已經三個月了。我很懶惰，不夠勇敢。我一直在思考這是不對的，看起來不對。」

師父說：「如果你再拖一天，我就要敲你的頭。三個月夠做決定了，而你還沒決定⋯⋯但存在已經決定了。」

奧義書就是神祕學校。

而我們今天進入了奧義書。

我曾是大學教授。我離開大學的原因是它停留在第一階段。沒有大學需要你變成弟子；成為奉獻者或師父的問題根本不會發生。有些廟宇不會要你成為學生或弟子，它只是強迫你奉獻——那會是虛假的、沒有根基的。全世界的教堂、寺廟和會堂都有奉獻者：對弟子完全一無所知就變成了弟子或奉獻者。

神祕學校一步步的和奇蹟相遇。

奇蹟一直在你周圍，內在的和外在的。只是需要一個方法。師父只是提供一個慢慢進入深海的方法，最後進入一個你消失在海中的狀態；你變成了海洋。

奧修，如果這個探詢是去知道我是誰，那我一定走錯路了。透過觀照，我失去了所有定義我自己的方法：我不是我的作為，我不是做它們的人格。我感覺越來越不知道自己；我似乎不再有一個不變的面貌。和其他一切相比，我感覺更像一朵雲——無邊無際的、輕盈的。是否可以請你評論？

你沒有走錯。你走在正確的路上。

你的人格、行為、思想、頭腦、情感——都不是你的實相。所以自然的，一個尋找自己的人會發現自己處於這個奇怪的情況，每天他變得越來越少，而不是越來越多。

理性的頭腦說：「你在做什麼？你一直在尋找自己，但發生的是，你持續失去那些你認為是你的。你一定走錯路了。回頭！舊方式比較好。你可以蒐集越來越多。你可以形成一個更好的人格，更精鍊的。你可以在俗世中有所作為，你可以是重要人物——一個總理、首相或名人。」對理性的頭腦而言，那似乎才是正確的。

但記住，理性的頭腦持續讓你走錯方向。正確的方向一定是你越來越少，因為所有虛假的會被了解。然後某個片刻來到，你知道一切都是假的。你只是個觀照，最多是一個觀照的狀態。但這只是旅程的一半。

在知道真理之前，人必須先知道虛假的——因為我們活在虛假中。所以我們必須知道它、放下它，必須拿掉虛假的，完全的空，以便我們存在的真理可以填滿那個空間。會有一個間隔，非常小的間隔⋯但它看起來會像永恆。

當虛假的離開了你，然後真實的進入前，會有一個小間隔，幾毫秒的時間。但因為那個空，它看起來像是經過了永恆。那時候會是師父和師父的家有幫助的時候。只是師父的存在就足以證明：「不要感到挫折。學習等待和耐心。如果它可以發生在某人身上，那它也能發生在所有人身上。」

師父的家將能提供所有幫助，因為每個人處於不同的狀態。某個人會處於跟你一樣的狀態；某人可能已經超越了，只是握著他的手就使你感到溫暖、愛和慈悲。只是待在學校——充滿了師父的存在——會帶給你勇氣。

神秘學校的存在不是沒有原因的。單獨一人的旅程會遇到很多困難。

我想到一個佛陀的故事。

他和阿難一起旅行。他們累了。想要在日落前抵達下個村莊；他們盡可能趕著路。但佛陀年紀大了，而阿難比佛陀年紀還大。他們擔心晚上可能得睡在森林裡，無法抵達附近的村莊。

他們問了一個老人，一個在田裡工作的農夫：「村莊還有多遠？」

老人說：「不遠了。不用擔心。最多還有兩哩。你們會趕到的。」佛陀笑了。那個老人也笑了。阿難不了解：「有什麼好笑的？」

過了兩哩。還沒看到村莊，他們更疲累了。有個老婦人在撿柴，阿難問她：「村莊還有多遠？」

她說：「不用兩哩。你們快到了，不用擔心。」佛陀笑了。老婦人也笑了。阿難看著他們：「有什麼好笑的？」兩哩後仍沒看到任何村莊。

他們問了第三個人，得到了同樣的答案，發生了同樣的情況。

阿難扔了行囊說：「我不走了，我很累。似乎永遠都無法越過這兩哩。我們相信了三次……但我腦子裡一直有個疑問……」

和佛陀在一起四十年……他學到如何和這樣的人生活，不問不必要的問題。但他說：「現在無論是否必要，我不在乎。有件事你得回答——當那老人說：『兩哩，只剩兩哩——不會超過兩哩。』你為什麼笑？然後遇到那個老婦人時，你笑了，她也笑了，後來遇到第三個人，同樣的情況也發生了。為什麼要笑？你們之間發生了什麼？你不認識他們，他們也不認識你。」

佛陀說：「我們的了解是相同的。當我笑了，他們也笑了。他們知道這人也了解，你必須鼓勵人們：只要兩哩，只要再往前走一點。」

他說：「我這一生都在這麼作。人們終於抵達了，但如果一開始你告訴他們：十五哩」，他們會放棄。但透過「兩哩」再「兩哩」。他們會走過兩百哩。

「我對他們笑，因為我知道那個村莊，我去過了。我知道不只兩哩。但我保持沉默，因為你非常想知道還有多遠。我知道我們無法抵達。但無妨──你可以問他們。」

「你可以了解人的心理。這些人是慈悲的：他們沒有欺騙，只是在鼓勵你。第一個老人讓你走了兩哩，第二個老婦人讓你走了兩哩。第三個人也讓你走了兩哩；你只需要再幾個人就能抵達村莊！但現在你扔了行囊。沒關係，我們可以在這棵樹下休息。村莊仍然…不用兩哩！」

神秘學校幫助你在本質上單獨的旅程中不是單獨的，幫你鼓起勇氣尋找那個無法預測的。

但師父…他的真誠和愛──你無法相信你師父會騙你。但那是更有幫助的。如果我可以只是透過說點謊幫你抵達那個最終的，我不會猶豫。我會說謊。因為我知道你會原諒我；不只原諒我，你會感激我騙了你。如果我告訴你事實，你也許會停下來。

旅程是漫長乏味的。

一切都得放下、被拿走。

只有當某個你愛、奉獻和信任的人對你說：「不用擔心。你放下的一切不是真實的，除非你放下它們，否則你無法找到真實的。」然後才可能發生。

所有不真實的都得放下。你必須來到完全赤裸的狀態、你什麼都沒有的狀態──沒有人格、名字、名聲、面貌——因為所有面貌都是你在不同場合使用的面具。

你可以看得到。只要坐在路邊，看著朱胡海灘的人們。你從遠處就能知道某對伴侶是否結婚了。怎麼知道？結了婚的人看起來好像辛苦了一整天，然後試著要回家躺在床上，忘掉整個夢魘。但他無法讓妻子看到那張臉。當他看著妻子，他是微笑的，帶冰淇淋回家——雖然腦子裡在咒罵：「這女人是個地獄！」但他向地獄獻上冰淇淋……

但如果他和某人的妻子在一起，你會發現——他的雙眼發光，看起來更年輕、美麗、有活力。你可以坐下來注意經過的人們——誰結婚了、誰還沒結婚、誰和某人的妻子在一起。

不同的面具……

當你和愛人在一起，你有不同的面貌；當你和妻子在一起，也有不同的面貌。奇怪。當你和老闆或主管在一起，你有一張臉；當你和僕人在一起，你又有另一張臉。

和老闆在一起，你持續搖尾巴——它不存在，但移動著。和僕人在一起，你的舉止彷彿他不是人。你有對僕人說過：「早安」或「晚安」嗎？不，僕人不是人。他經過你的房間，但你完全沒注意到有誰經過。

這些面具都會落下，剩下的只會是你的肉身。它創造了恐懼。在這個肉身之後的則是你真正的面貌，你的本來面目。但在你可以感到狂喜之前，你必須先經歷過這些痛苦。每個人都想要狂喜，但沒人想要痛苦。痛苦是代價——你必須付出的。

獨自一人會很難，但透過學校，裡面有很多經歷過不同階段的人，他們可以互相幫助。

所有神祕學校都只能透過一個方式存在，那就是有個活著的師父。一旦師父離開了，神祕學校就消失了。那就是為什麼沒有任何神祕學校變成宗教。

佛陀周圍曾經有過神祕學校，但那些學校消失了。現在的佛教和他神祕的教導無關。那是博學的人、學生、學者和研究者去合併、收集和編輯了他的教導所形成的。他們做了偉大的工作，但裡面少了靈魂。

在達爾文的最後的一個生日當天，他很老了，每個人都認為這是他的最後一個生日，所以朋友和同事聚在一起慶祝。鄰居的小孩也想要有所貢獻，他們做了很棒的事。

達爾文的一生都用來研究昆蟲、動物和鳥類，因為他在研究進化如何發生、有哪些階段。

那些小孩想要捉弄他。他們捉了很多昆蟲，把牠們切成好幾部分，再組成新的昆蟲——某個昆蟲的頭部配上另一個昆蟲的腳，再結合別的昆蟲的身體——世界上並不存在的昆蟲。他們把牠黏好，當宴會開始，他們進場後把昆蟲放在達爾文面前說：「人們怕你活不久了。我們也擔心，而你沒研究過這隻昆蟲。你的書裡面沒有這隻昆蟲。」

他看著昆蟲；無法相信。他從未見過！這些小孩從哪裡得到牠的？他仔細研究著，那些小孩嬉鬧著：他們問：「你能說出牠的名字嗎？」

他說：「可以。它是假的。」

所有宗教的經典都是假的——黏貼得很好的。

那些沒經驗到真理的人不會知道他們少了什麼——因為要知道少了什麼，你必須了解它。

神秘學校的存在來自於師父，然後消失了。

事情也應該如此。

大自然中，存在中，任何真實的……玫瑰花在早上自行綻放，然後在晚上凋謝。只有塑膠花一直存在；永遠存在。

成為神祕學校的一部分是很大的祝福。很難找到一個神祕學校，人們探索著，不強加自己的意志到別人身上，如果需要，會彼此幫助。因為如果不需要，連幫助也會成為阻礙。

你完全走在正確的路上。你沒走錯。只要持續融化那些虛假的。感覺像朵雲是美麗的、感覺只是個觀照是美麗的。

這就是那些片刻、那些間隔。夜晚離開了，太陽快要升起了。讓這些間隔盡可能的美麗——充滿寧靜和感激，感謝存在給你機會，感謝那些給你的幫助。然後等待。

「等待」就是那個關鍵字。

你無法強迫存在做任何事。

你只要等待。在正確的時刻，事情會發生。

你播下了種子，你為花園澆水；現在等待。任何急迫都是危險的。任何東西要成長都需要時間。只有虛假的東西可以透過生產線快速製造。但實相的成長需要時間。

而內在的成長是整個存在中最重要的成長。

第二章
師父使你的生命是個管弦樂團

奧修，你似乎扮演了兩個角色：外在上，你揭露社會架構的問題，內在上，鼓勵你的弟子前往最終的。是否可請你評論？

存在包含兩者：內在的和外在的。

不幸的，數世紀以來，我們一直被教導內在和外在是互相對抗的。但它們不是。

這個教導造成人類內在中很大的緊張——因為人是縮小版的存在，縮小版的宇宙。存在於人類中的也會更大級距的出現在存在中，反之亦然。如果可以完全的了解人，就能了解整體。

師父的功能就是讓內在和外在是和諧的。

使它們互相對抗是在毒害你。它們不是互相對抗的，它們是一體的——同一枚硬幣的兩面，你甚至無法分開它們。你可以把內在和外在分開嗎？如果它們可以被分開，那你要怎麼區分內在和外在？用什麼區分？兩者都是整體的一部分。但人類一直因為這個區分受到很大的苦。

我的功能就是完全的摧毀這個區分，創造出人類的內在生命和外在生命的同步性。這個工作是非常複雜且龐大的，因為就外在而言，直到現在，它一直被認為是物質主義的。它一直被所謂的聖人譴責；一直要你放棄它。如果你無法放棄，你會是罪人。生命變成了一種罪。好幾世紀來，所有的宗教和傳統都在強調內在。這是故事的另一面。

故事的另一面就是物質是客觀的、可見的；內在的實相似乎只是美麗的言談。哲學家和思想家一直說只有外在才是真實的；內在只是教士的發明，它並不存在。這些人一直譴責心靈主義是胡扯。但兩者都同意一點：內在和外在是互相衝突的——你可以選擇一個，不能兩個都要。

我的方法是毫無選擇的接受兩者。所以我自然反對物質主義者，因為我知道內在是存在的——事實上，外在是為了內在而存在，為了保護它和提供養分。我也反對所謂的心靈主義者，因為我不能否定物質的實相。它是如此明顯，在我們周圍，只有那些閉上眼睛的人，他們的理智、理解和智力使他們相信這都是幻覺，它並不存在。

去試試，當你要出門，試著穿牆而過，不是走大門——你會知道它是真的或假的。連商羯羅都會從大門出去，而不是穿牆——但他的一生都在試著證明牆壁是假的，只是表面上看起來是真的，但不存在。

有一個美麗的事件。某天早上，商羯羅——第一個商羯羅——在瓦拉納西的恆河沐浴後走上階梯，有個人正走下階梯。天色仍然昏暗。太陽還沒升起，那個人頂禮了商羯羅。他剛頂禮完才意識到：「我的天，請原諒我。我是個首陀羅。」

商羯羅很生氣。一個說外在的一切都是虛假的人，對他而言，首陀羅的身體卻不是虛假的。他說：「你浪費我的時間。現在我得再洗一次。」

首陀羅說：「在你沐浴前，請回答我幾個問題。如果你不回答，你可以去沐浴，但我會再向你頂禮——那才真的是浪費時間。」

他逼著商羯羅：附近都沒人，所以商羯羅同意回答：「你似乎很頑固。你先是碰到我，然後說自己是首陀羅。現在又強迫我回答你的問題。你要問什麼？」

首陀羅說：「問題很簡單。我想知道我的身體是否屬於首陀羅？不能觸碰的？我的身體、血液或骨頭和你的身體、血液或骨頭有什麼不同？如果我們都死了，是否有人能認出哪個身體是首陀羅的身體？哪個身體是婆羅門的身體？我們的骨架都一樣，所以請告訴我：我的身體是不能觸碰的嗎？」

「如果不是，那我的靈魂是不能觸碰的嗎？你教導神就在每個人的靈魂中——祂是在你裡面比較多，我裡面比較少嗎？數量或品質上有什麼不同嗎？或者祂只存在於你裡面，而我裡面沒有神，沒有satchitanand——真理、意識或喜樂？」

「記住，你站在恆河旁，太陽正要升起。不要說謊！這不是哲學討論；那是攸關我生死的問題。」

商羯羅遊遍全國，在重大的辯論比賽中打敗偉大的學者，但他在首陀羅面前沉默不語。他的問題很簡單：身體是身體，同樣的構成，意識是意識，也是同樣的構成。差別在哪？

看到商羯羅不說話，他說：「如果你了解，那就回家吧，不需要再沐浴了。如果你要再沐浴——那就回答問題！」

你會驚訝——這也許是商羯羅一生中唯一的失敗。他只得離開，不再沐浴。回到寺廟。當然他不敢說出事實。問題很簡單，但他知道答案將會違反自己的教導和宗教。最好還是保持沉默，什麼都不說。

但這個不能觸碰的人——沒人知道他是誰——一定有很大的智慧。他得到答案了，因為他說得很清楚：「如果你要沐浴，我會再向你頂禮。如果你接受我的觀點，不存在任何不同，那就回去你的寺廟——是做晨間祈禱的時間了。」

商羯羅返回他的寺廟。但那摧毀了他的哲學體系；五分鐘就摧毀了他一生的努力。理由就是他的教導是違反存在的；這個人只是說出事實——外在是物質面的，內在是心靈面的，沒有任何衝突。

你有看過自己的靈魂和身體有過任何衝突嗎——彼此打架或摔角？存在的只有偌大的和諧。

事實上，每當沒有和諧，你會是生病的。你越健康就越和諧。疾病可以被定義為內在和外在的衝突；它們四分五裂，沒有一起運作。和諧被破壞了。醫生的作用就是把和諧帶回來，把音樂帶回來，使你的生命是個管弦樂團。

師父是個醫生——不是處理一般的疾病，而是你存在上的衝突。

所以我一直和這兩方面對抗。我必須對抗舊傳統和舊宗教，因為它們不讓你是健康的、完整的。它們使你殘廢。你的殘廢越嚴重，你就會是更偉大的聖人。所以我必須和各種使你分裂的思想或神學體系對抗。

其次，我必須對你內在存在的成長下工夫。

兩者都是同一個過程的一部分；如何使你更完整，如何摧毀所有使你無法完整的垃圾——那是負面的部分；正面的部分則是如何使你透過靜心、寧靜、愛、喜悅與平和而輝耀著。那是我教導中正面的部分。

透過我正面的教導，將不會有任何問題；我能走遍世界，教人們靜心、平和、愛和寧靜——沒人會反對我。

但這樣將無法幫助任何人，因為誰要摧毀那些垃圾？那些垃圾必須先摧毀，它擋住路了。那是你所有的制約。你從童年起就被謊言制約，但它們一直重複以致於你忘記它們是謊言。

那就是廣告的秘密：只要重複播放。透過廣播、電視、電影、報紙、傳單，在各地重複宣傳。

在過去的日子，人們認為有需求就會有供應。現在則非如此。如果你要供應某樣東西，就創造需求。持續用特定文字影響人的頭腦，這樣他們就會忘掉自己在聽廣播、看電視、看電影或看報紙，他們會相信它。持續聽某個東西，他們會開始購買——任何肥皂、牙膏或香菸。你可以賣任何東西。

我聽說有個人被認為是偉大的業務員。他的公司因為他而引以為傲。那是間房地產公司，好幾年來，他們一直想賣出某塊地，但沒人感興趣。最後老闆找了那個業務員來協助。他說：「不用擔心。」然後他賣掉了。

十五天後，因為一直下雨，那塊地積了十五呎深的水。那正是沒人想買的原因——任何人都知道一旦下雨會發生什麼事。那塊地積了很深的水⋯⋯

買家來了，非常生氣——趕到老闆的公司說：「這是做生意還是搶劫？那個業務員在哪？」

老闆說：「怎麼回事？發生什麼事？」

他說：「怎麼回事？他賣給我一塊地，現在積了十五呎深的水！變成了一個湖。我要用它做什麼？我要殺了那個業務員。否則就退錢。」

老闆說：「不用擔心；你先坐著。」

他找來那個業務員。業務員說：「這不是什麼問題，你跟我來。我來解決。你要退錢？你可以拿走你的錢外加十五天的利息。因為我有更好的買主在等。」

那人說：「什麼？」

業務員說：「不要改變主意——你拿著錢和利息，忘掉那塊地。那是如此美⋯⋯你可以在雨後蓋一間美麗的房子，一旦再次下雨，你可以做些處理讓水不會流掉。你將會擁有市區裡唯一有這種景色的房子，一個湖上的豪宅。我會給你兩艘船，我們有為這種情況做準備。」

然後他賣了兩艘船給他！老闆只是站在那兒看著一切。那些船完全沒有用處——它們一直堆在那兒，腐爛了。當它們放入水裡就開始下沉。那人對業務員說：「你帶來更多問題。」

業務員說：「不用擔心。如果我可以解決那個問題，我也可以解決這兩艘船的問題。」

你只需要創造人們的慾望——「湖上豪宅。」他只是要一間房子。你把那個欲望變成湖上的豪宅。業務員說：「你想想，如果你想要個湖上的豪宅，你得先有個湖。而我們免費給了你一個現成的湖！」

好幾世紀來，人一直在銷售虛假的信仰、教條和信念，毫無證明的。它們只是因為你的慾望和懶惰而存在。你想不用做任何事就進入天堂。

有些人隨時可以給你地圖和捷徑——要多少有多少。只要起床時念頌神的名字，記住兩、三分鐘——就夠了。偶爾去恆河沐浴以便把所有罪惡洗掉，然後你就純淨了。所有宗教都在創造同樣的東西——去卡巴，然後一切就得到原諒。

回教徒是窮人，他們貧窮是因為他們的信仰。他們反對貸款有利息。現在，所有生意都依賴利息；他們注定會貧窮。然後他們被告知一生至少去一次卡巴，那就夠了——繞卡巴的石頭走七次，所有的罪就消除了，所有的功德會灑落於你。如此短的捷徑。

有個人去拜訪拉瑪克理虛納。他要去瓦拉納西的恆河進行神聖的沐浴——但他對拉瑪克理虛納感興趣，所以在離開前，他去向他頂禮。拉瑪克理虛納說：「為什麼要去瓦拉納西，因為恆河有經過這兒」——他們坐在他的廟裡，廟後有恆河經過。「恆河有經過加爾各答。你要去哪兒？」

那人說：「經典說瓦拉納西的恆河是特別的。是同一條恆河，但在瓦拉納西，如果你在那兒沐浴，所有的罪會被洗掉。」

拉瑪克理虛納是個很單純的人。他說：「你可以帶著我的祝福前往，但記住。你有注意到嗎？恆河邊的大樹。」

那人說：「是的。我小時候有和父親去過那兒。但你為什麼提到那些樹？」

他說：「我提到那些樹是因為人們不知道那些樹的用途。恆河是巨大的——所有罪會在你沐浴後立刻離開。但它們會坐在那些樹下等著你！它們會說：孩子，你總會回到同一條路上，你能去哪兒？你能在河裡待多久？你可以想辦法待很久——一小時、兩小時、一天、兩天——但你終究得上岸。」

那人說：「甚至不用兩天；我會洗個澡後就離開。最多花個五分鐘，在這麼冷的天氣……但這很奇怪。沒人說過那些罪會坐在樹下。」

拉瑪克理虛納說：「當你穿上衣服……那些罪就會回到你身上，安定下來。有時候某個人的罪——如果它們喜歡你……「這個人看起來是美麗的。那個人已經死了；這個人是好人、年輕人，有可能犯更多罪」——它們會落到你身上；那是最麻煩的。你的罪一定會回到你身上，但別人的」⋯⋯那些樹充滿了罪，所以請試著保護你自己。」

他說：「我要如何保護自己？你無法看見它們。我沐浴時看不到它們，當它們回到我身上，我也不會看見它們！」

拉瑪克理虛納說：「那由你決定。那就是為什麼我不去那兒，因為那是完全無意義的。那些樹在那兒不是毫無用處的，好幾世紀來，它們一直在做它們的工作。」

那人說：「你使我產生很大的懷疑⋯⋯我會回家想想，是否要去那兒。如果這是事實，那我會是多此一舉。你也使我很害怕——別人的罪，完全不是我犯下的！」

教士給你捷徑，因為你是懶惰的。你並沒真的想為內在的探尋做任何事。

天堂不是在雲朵之上某個遙遠的地方。它在你裡面，你不需要為了上天堂去恆河或卡巴。你需要的是進入自己。但那不會是任何宗教的教士想要你做的，因為當你這麼做，你就離開了所有宗教的束縛——印度教、回教、基督教——那一切似乎是愚蠢的、胡扯的。你已經找到了你的真理。

所以我的工作從負面開始——我必須摧毀所有施加於你的制約。是誰施加的並不重要——無論是天主教或新教都不重要；我必須清除你的制約以便你是乾淨的、無負擔的。你的門窗打開了。

然後第二部分，主要的部分，就是教你如何進入內在。因為你很清楚如何進入外在；好幾世以來，你一直進入外在。你習慣了。當你去上班，你不會思考：「現在向左轉，現在向右轉，現在…」當你回家，你不會這樣思考。單純的、機械般的，你每天像機器人一樣的去上班和回家。

外在的旅程是你的習慣。

但內在的世界是個新世界，你甚至不去查看，沒踏出任何一步。所以我必須教你如何慢慢的向內走。

即使我要人們向內走，他們會立刻提問題，顯示出他們仍然把重點放在外在的事物上。

我對他們說：「靜靜的坐著。」

他們會問：「我可以念誦咒語嗎？」

無論你念咒或看報紙都無所謂，兩者都是外在的。我要你「靜靜的坐著。」

他們說：「沒錯，但我至少可以念誦咒語…」令人遺憾。我為他們感到悲哀，我要他們安靜，但他們要我用某個東西填塞他們的安靜。他們不想要安靜。如果別的不行，那咒語也行——任何東西都可以。

我在大學當教授時。有個數學教授被我吸引，每天看到我…我會經過他的辦公室。我們不認識——但我仍會把一根手指放在唇上，並看著他。他會環顧四周——「有其它人看到嗎？否則他們會認為這是瘋狂的，我不認識這個人。」

剛開始他會看其它地方。但我會拍手。然後他覺得最好站在窗邊，這樣我就不會拍手，因為別人會聽到。當我把一根手指放在唇上…他心想：「如果我什麼都不做會很怪。」所以他開始把一根手指放在他唇上。這就是我們如何成為好朋友的。

有一天他來找我。他說：「這太過分了。你瘋了嗎？為什麼折磨我？每天！我如此怕你以致於當你經過，而我學生也在的話，如果他們看到這一切，會開始做一樣的事。我無法在別人面前把手指放在唇上，因為他們會問：你在做什麼？」

我說：「沒有別的方式。」他是個英國人。我說：「沒有任何介紹會很難和英國人談話。於是我想也許這樣會很好。我沒講話。我只是放——我的手指，我的嘴唇。我有權利隨時可以使用它們。」

他說：「那沒錯，但——只能在我面前！」

我說：「你已經來了。現在可以開始了。」

他說：「你的意思是什麼？」

我說：「我的意思是，你打算用數學摧毀你的生命嗎？」他是個老人，準備要退休。他等著退休，回去英國，在那兒安定下來。

他說：「這是個重要的問題，我問過自己很多次——我打算因為數學而毀了我一生嗎？我能得到什麼？只有一堆數字，我不必要的折磨自己，什麼都沒得到。」

我說：「我知道一個方法。你可以靜靜的坐著——用這當作象徵；當我把手指放在唇上表示安靜。只要半個小時：你是單獨的」——他的妻子死了，兒子都有自己的事業——「你沒別的事要做。你有一間美麗的房子和花園。你可以坐在任何地方，只要保持安靜。」

他說：「這想法不錯，但我可以一邊安靜一邊重覆從一數到一百嗎？數到一百再往回數——九十九、九十八、九十七，數到一再反過來？那樣對我而言會比較容易，就像個梯子——從第一根到第二根、第三根、第四根，然後往下走。因為沒做任何事，只是靜靜的坐著……」

我說：「這沒有用，因為你會做同樣愚蠢的事——你一生一直在做的數學。但靜靜的坐著有什麼問題？」

他說：「只是那看起來……某人可能會看見。某人可能會問：『你在做什麼？』我受到的教養會使我不能說：『沒什麼。』否則，人們會以為哪裡出錯了。什麼事都不做？全世界都在忙碌，而你坐在那兒什麼事都不做？」

在所有語言中都會有這樣的諺語：「有勝過什麼都沒有。」無論有什麼——沒有任何條件！奇怪——有勝過什麼都沒有？每個語言都有這樣的諺語。「不要坐著而什麼都不做；去做點事。」

我聽說有個女人對另一個女人說，那是她的鄰居：「今天有好消息，我那無所事事的兒子加入了靜心營。現在他在靜心。」

我剛好經過：「妳不知道妳在說什麼，因為靜心的意思是什麼事都不做。妳的小孩確實找到對的人了，他的同類。現在不只他什麼事都不做，有很多人和他在一起，什麼事都不做。」

靜心不是某件事。

一旦負面的部分完成了——那依你的智慧而定，它可以在幾秒鐘內完成。如果你可以了解到你所有的一切都是借來的，你願意鼓起勇氣：「我不會帶著任何借來的，我決定靠自己找到某個屬於我的，我自己的真理。」

看過所有關於愛的文章卻沒愛過有什麼意義？你也許有一個關於愛的圖書館——美麗的詩、戲劇和小說——但這都是沒意義的；你不知道愛是什麼。你從未愛過。一個片刻的愛比你的整個圖書館還要珍貴。

其他珍貴的一切也是如此。一個你自己的洞見比你所有的經典還要珍貴。一個你的意識的瞥見就使你進入真正的神殿——不是磚瓦和大理石興建的，而是已經存在於你內在的；那是由意識構成的。它是個火焰，一直永恆燃燒的火焰。它不需要燃料，等著你認出它，因為一旦你認出它，你的雙眼將首次擁有某種意義——喜悅、光、歌、美和狂喜。

而且不是當你進入內在，外在就會被遺忘。當你進入內在，你的外在會散發內在的光——你的舉止、看的方式、講話的方式和言談中帶有的權威。甚至你的觸碰、你的存在和你的寧靜都會是個訊息。

內在和外在都是同一實相的一部分。

首先你得清理外在，好幾世紀來它一直被扭曲。幸運的是沒人能扭曲你內在的實相；除了你之外，沒人可以進入。你甚至無法邀請你的愛人和朋友。除了你之外，你無法帶任何人到那兒。那是幸運的；否則你內在的一切都會被汙染，那將不可能恢復。只有外在被覆蓋著各種灰塵；一個小小的了解就能使你離開它們。但那會是主要的部分——負面的部分——知道虛假是虛假的，因為一旦你知道它是虛假的，它就停止了、消失了。

然後，內在的旅程會是非常輕鬆簡單的。

奧修，當我們停止負面的評斷別人，接著就了解到也得停止正面的評斷別人——所有評斷都得停止，不是嗎？

是的，所有評斷都得停止。

沒人有權利評斷別人，無論負面或正面。這都是控制別人的方式。當你評斷某人，你是在嘗試干涉他的生活，而那和你無關。

一個真誠的、真實的人會允許人們去做自己。

我的工作不是去評斷誰對誰錯。每個人都得意識到自己的特質。如果我想要幫助人，透過評斷來幫助是不可能的；我只能透過幫他們變得更有意識來幫助他們。

如果我想幫助人——而且那個幫助有著巨大的美和喜悅——那第一件事就是完全的接受那個人，無論他是誰、做了什麼。這是存在孕育他的方式。他一定滿足了某些條件；沒有他，存在就少了一部分，他被錯過了。沒人可以取代他；他是如此獨特以致於無法取代。

但環顧歷史，我們從未談論人們的獨特性。我們被告知必須成為什麼人、行為必須如何，生活方式必須如何——然後才會是對的、才會在這兒被尊敬、得到榮耀。而且也得在另一個世界用各種財寶獎勵他們。我們被告知什麼是錯的——那些人應該被社會譴責、排斥和拒絕，用各種方式使他們受苦。而且死後必須在地獄受苦。

決定好和壞的原因持續改變著——昨天是好的，今天就不再是好的。某一天是壞的，隔天則是好的。只要看看歷史，你會驚訝……

例如羅摩、克理虛納、持斧羅摩都是神的化身，都是非素食者。他們是非常古老的；在今日，拉瑪克理虛納則常常吃魚。住在孟加拉而不吃魚似乎不可能。事實上，每個孟加拉家庭都有個小池塘。他們會養魚；就如同你會養其它動植物。自然的，他們的房子會是魚腥味的。那是因為……

當英國占領了印度後，加爾各答是第一個首都。所有孟加拉人都得是重要官員，而他們身上都有魚腥味。所以英國人稱他們為巴布；意思是有味道的人。你可以說「孟加拉巴布」，沒問題，但不能說「旁遮普巴布」——那不適合。巴布不適合用來形容旁遮普人——孟加拉人是個巴布，甚至和他站在一起，比哈人也會變成巴布。

因為英國人稱孟加拉人是「巴布」——那原本是個譴責的字詞；巴的意思是有，布的意思是味道。但被當權者使用後，譴責的字詞也變成令人尊敬的字詞。所以現在當你想向某人表達敬意，你會稱他為巴布吉——「巴布拉金德拉普拉薩德」。你甚至沒放過印度總統；你稱他為巴布。

隨著時間經過：現在我們無法接受，沒有任何敏感的人可以接受一個神的化身會吃葷。那看起來很尷尬、不合適。

在馬哈維亞和佛陀後，價值觀有很大的改變。一定會這樣，因為這兩個人過著素食的生活，證明了任何心中有愛和慈悲的人都不會吃葷。處於意識的高峰，你無法想像他會繼續吃肉——某個地方出錯了。

在每個時代，人們都得定義什麼是對的，什麼是錯的。

你無法想像羅摩服從父親——一個垂死之人，受到年輕的妻子影響：首先，擁有四個妻子就是錯的。其次，臨死之前仍沒有勇氣拒絕年輕的妻子。如此怕妻子的丈夫！沒有任何原因就叫羅摩在森林住十四年。但服從在那個時代是重要的。羅摩受人尊敬好幾世紀是因為他服從父親，甚至沒問：「為什麼？我做了什麼？使我受到這個懲罰？」十四年，獨自步行，在森林中生活。

現在，沒有任何有智慧的人會說服從有這麼高的價值。他應該不服從。

這是我的感覺，如果羅摩不服從他的父親，這個國家將會是完全不同的。他的服從使這個國家變成奴隸的國家。這不是單純的現象，它是很複雜的。當你尊敬羅摩，你就是尊敬服從。一旦入侵者來了，這個國家會服從，入侵者持續來到，這個國家會持續服從。

五千年來從未發生革命，因為革命對我們而言沒有任何價值。我們從未想過革命是好的。我們一直譴責叛逆的靈魂，而那是唯一能幫助革命的。如果我們落後世界上的每個國家，那是因為我們對服從的尊敬。

我不是說不要尊敬，我不是說不要服從。我只是說要有判斷能力。而那來自於覺知——警覺的、有意識的，了解整個狀況。讓決定來自你自己，不是外在——不是你的父親、老師或教士。聆聽他們必須說的，仔細聽，尊敬的。但決定必須來自你內在的存在。然後你會有一種個體性和獨立性。因為你，整個社會會移向更高的層次，變成有意識的、自由的。

不要評斷人。而是去愛人。

你沒被告知去愛人，反而被教導去評斷人，有意或無意的。

愛不會評斷；它只是愛，如你所是的。那是你的問題、你的生命。如何活過它？如果我的愛真的是巨大的，它可能就會改變你，不需要我再做什麼。透過不評斷你，就有改變你的可能。

你可以看看我：我和數千人住在一起；從未評斷任何人。我只是愛著和我在一起的每個人，我看到每個人發生了很大的改變，而我沒有做任何事。只是我的愛就使他們不再一樣。

有一天我收到一封來自美國監獄的信。典獄長很愛我。在不讓政府知道的情況下，他讓犯人靜心。他的監獄是只囚禁重罪犯的特別監獄——被判終身監禁或死刑的。

在美國監獄待了幾年後，如果犯人表現良好，人們會有假期，可以回家一周去看親友。

但這個監獄不行：因為在這個監獄，你不能期望：有個犯人被判定殺了七個人——如果讓他在外面七天，他沒什麼好失去的。他想殺多少人就殺多少人，你無法再給他更重的懲罰。他會逃走，沒有風險；即使你抓到他，也無法再對他做什麼。你已經給他終極的懲罰。所以在這兒，假期是不可能的。

但這個典獄長，沒有經過同意就讓一些已經靜心了幾年的犯人放假。對於這個殺了七個人的犯人，他有點猶豫，但他想到：「不要評斷，只是愛。」於是他給了他七天假期，對他說如果需要任何東西可以來找他：「去外面好好的生活七天。」他不期望他會回來。他覺得他會製造麻煩。如果這人不回來，那典獄長一定會有麻煩。

但那人五天後回來了。典獄長問：「你怎麼五天就回來了？」

他說：「我在擔心你，你一定睡不著；一定怕我不會回來。我很擔心；所以我覺得放棄剩下兩天是值得的；最好還是回來。你這麼愛我；難道我不能為你做這點犧牲嗎——提早兩天回來？我無所謂。我一生都會住在這兒——多了兩天：但我無法睡著；我在擔心你。我知道你會擔心發生什麼事，我是否會回來。而且我無法享受，因為我無法靜心。」

你不去評斷別人。但你可以做得更多：你可以去愛。

你可以幫助人們去靜心，變得更覺知。也許你的愛和他的靜心會帶來改變。那將不會是從外在強加的——而是來自內在，像朵花，在你裡面綻放。每當任何來自內在的，綻放了，它就有無窮的美。

第三章
師父和弟子，一個手牽手的旅程

奧修，我感覺從我認識你以來，你的弟子們都經歷了一個進化的過程，你也是。所以我們是否在一個手牽手的旅程中？

那是對的，也是不對的。

弟子們確實在進化，他們的生活方式、思維、行為和對一切的看法都在經歷一個根本的改變。

我也一刻接一刻的移動中、變化中。就這方面來看，那是對的，我和我的弟子正手牽手經歷一場革命。但從另一方面來看——一個更深入的面向——你的改變是自己的改變；我的改變是存在的改變。你向內移動。我則在內在和外在之外移動。實相不是內在的或外在的；它超越了兩者。

我愛「手牽手」這個表達的方式，就像太陽在早上升起，小鳥開始唱歌，花朵綻放而散發它們的芬芳。隨著太陽升起，它們也開始綻放，手牽手的——但那個距離是巨大的。所以我說這個問題有點複雜。

我和你在一起，但又離你很遙遠；距離就像升起的太陽和綻放的玫瑰。沒有日出，玫瑰就無法綻放。我這樣說是根據我的經驗，如果所有玫瑰都不綻放，太陽也不會升起。那看起來很愚蠢——為了誰升起？為了什麼？

存在如此深入的、親密的相互連結，但距離是巨大的。在滿月的晚上，你看到海洋——它被滿月影響，手牽手的，但月亮很遙遠。而且不止海洋被影響；甚至你也被影響，因為你有百分之八十是海水。

所以所有成道者——除了一個，馬哈維亞——都在滿月那天成道並不奇怪。馬哈維亞在新月日的晚上成道——沒有月亮的夜晚，完全的黑暗。由於這個原因，他被稱為馬哈維亞。那不是他的名字。馬哈維亞的意思是偉大的戰士，逆流而上的——不只逆流而上，而且還達成了。

佛陀在滿月日成道。佛陀的一生都和滿月相關：他出生在滿月的夜晚，在滿月的夜晚成道，在滿月的夜晚涅槃。這不可能是巧合。

心理學家一直在研究滿月對心理的影響，結論是難以相信的。在滿月的夜晚有更多人發瘋，幾乎是其它夜晚的兩倍。更多人自殺——同樣的，數量也幾乎是兩倍。滿月的夜晚對人類的心理造成了影響。滿月是如此遙遠——但又沒很遙遠；它影響了你。一直以來，它影響了詩人、畫家、雕刻家、音樂家和舞者。他們都感覺到在滿月的時候有些不同，也許滿月的月光和他們手牽手……

沒錯，為了達成你自己，你會經歷很多重大的變化。我也經歷過很多次進化才到達彼岸，超越了自己。

你朝著成道前進，而我朝著超越它前進——這整個過程會是手牽手的進行著。但那個距離是巨大的。

記住那個距離，也要記住那個親密和親近。

奧修，我似乎記得你說過我們只能在能力範圍內瞥見到存在、去吸收和整合它。尼采的洞見：「那些出於愛所做的一切是超越善惡的」，這個了解是使他發瘋的部分原因。可否請你評論？

尼采的天才總是使他處於發瘋的危險中。

沒人聽過任何笨蛋會發瘋。要發瘋，你得先有頭腦。天才行走在利劍上——一個小錯就會使他墜落，進入永恆的瘋狂黑暗中。

尼采也許是世界上其中一個最有創造力的天才。擁有如此多的洞見使他最終得改變書寫的方式。他寫下的一切是格言般的，因為他的腦中充滿了洞見，如果他用散文的方式把它們寫下來，他可能會忘掉其它洞見。他開始用格言或箴言的方式寫下它們。

但擁有太多洞見是危險的。一個人只能負荷一定的程度。

而尼采面對的是無窮的洞見。每個洞見都可以成為一套哲學。例如這個洞見，當愛存在，就沒有善惡的問題，愛是超越兩者的。就這樣：他可以據此寫出一套體系，用不同的上下文來詳細解釋。

書寫有其傳統的方式，那些方式有其可靠性，因為你無法錯誤的闡述或誤解它們。例如，羅素著名的書「數學原理」用了兩百六十五頁來解釋一件簡單的事情。你無法想像怎會有人寫了兩百六十五頁的書，只是為了證明二加二等於四。但他考慮了各種可能的解釋、疑問和暗示。他詳細論述了一切，沒有任何遺漏。那是傳統的書寫方式——系統化的、理性的。

但尼采沒時間。生命如此短暫，他的洞見是如此多。所以他只能用箴言的方式寫下來，「愛使你超越了善惡，如果你愛，那就不用在乎善惡。」

他是對的，非常的正確——我們必須深入了解這段話的幾個暗示。

一般而言，好幾世紀來，愛一直和善是同義的——它使你超越了惡。愛無法傷害，愛無法是暴力的、摧毀性的，愛不可能是邪惡的；這些是恨的特質。數千年來，人一直認為愛和善是同義的。

但尼采的看法比悠久的傳統更為正確。在他之前沒人這樣想過。那就是天才的功能：他為世界帶來新的光芒、新的瞥見；他開啟了進入存在的新窗口。但他沒解釋。

我完全同意他。善和惡是相對立的，它們同時存在。就如同黑暗和光明、生和死——這些對立方同時存在，你無法分開它們。如果你讓愛和善是同義的，那惡也會像影子一樣跟著你；這已經發生在世界各地好幾世紀了。

有一個心理學家寫了一本書「親密的敵人」。那是關於愛的：任何你愛的人，你一定會恨他。這就像輪子——白天來到，然後夜晚來到；愛來到，恨也來到。

這是很自然的，愛人們持續吵架和嘮叨。那是遊戲的一部分——你選擇了愛，所以你也選擇了恨，同一枚硬幣的另一面。有時候事情太過頭了，恨的部分就出現了。

如果你觀察愛人的生活，你會很驚訝：在他們感到對方的愛之前，他們會先爭吵。當他們爭吵的部分完成了，愛的部分才會出現——他們只是在輪子上移動著。然後他們擁抱對方、親吻對方，但在幾分鐘前，他們還在拿東西丟擲對方。

在做愛前，會有一場枕頭戰。我不知道枕頭做了什麼——它們如此無辜，沒傷害過任何人——但它們出現在愛人之間，在爭吵發生前還在床上。爭吵後——咒罵對方和對方的家人後——當情感宣洩後，他們突然又充滿了愛，擁抱對方。你無法相信這是同一對伴侶。為什麼剛剛要上演那場戲？但這每天都在發生，例行工作。

當然，你的愛不是尼采說的愛。

他說的愛正是我說的愛——不是針對某個人的愛，而是你的氛圍，你的能量場。就如同芬芳圍繞著玫瑰花，一個充滿愛的人則被愛圍繞著。那個愛是超越善惡的；它超越了本質上充滿矛盾的一般的愛。

但像尼采這樣的人，達到理解力的最高峰，卻發瘋了。原因不在於他的洞見。而是他的洞見只是智力上的。他沒有靜心的基礎，他從未聽過靜心。如果尼采生於東方，他會是另一個佛陀，不會更少——也許會更多。但在西方，智力似乎就是一切。所以他的結論是邏輯上的——美麗的結論，然後他試著根據這些邏輯上的結論來生活，但沒有任何靜心的基礎。

他崩潰了，精神分裂。他試著達到靜心者才能達到的；所以他自然會從那個高度墜落，全身骨折。他的天才是毫無疑問的，但他的天才使他發瘋，那也是毫無疑問的。

在東方從未發生過。應該要去研究：在西方，這情況常常發生：每當有個天才出現，他遲早會精神分裂，彷彿他得到太多以致於無法吸收。他沒有強壯的翅膀，但仍然高飛——疲累的、破碎的，他墜落了。

在東方從未發生過，因為我們從未以洞見開始。我們先確定你有基礎，讓你有強壯的翅膀。我們不在乎高度，我們在乎的是你的翅膀。

你無法想像佛陀、菩提達摩、摩訶迦葉——想像他們發瘋是不可能的。他們的神智是非常清楚的。他們的神智奠基於他們的靜心、寧靜、平和、本身存在的根基。因為他們的根深入到土壤，所以能讓枝幹高伸到和星辰對話。他們的花朵可以深入天空，釋放芬芳。

你必須記住一點：樹的生長會是成比例的。樹根只有達到一定的深度和強度後，才能長到一定的高度。

在日本有一個古老的技藝。我不會說它是個技藝，但他們這樣稱呼。我會說那是謀殺。但人們從世界各地來到，因為只有少數的樹：已經有五百年了，但只有六呎高。樹皮是古老的、樹葉是古老的；但它的高度被改變了。

那個技藝就是把那些樹被放在沒有底部的泥壺內。然後園丁，一代接一代——因為那樹有五百年了；那個家族已經持續了好幾代——他們修剪樹根，不讓樹根生長。泥壺是沒有底部的；否則樹根會深入土壤。那些樹根越來越古老，樹也越來越古老。但因為樹根無法向下延伸、深入土壤，所以樹無法長得很高。

人們認為這是門技藝。但這純粹是謀殺，對樹犯下的罪。同樣的罪也在世界各地對人們犯下。你的根被切掉了。

智力有其高度，但它沒有根。偶爾會有個天才因為他的理智而受苦，最後他選擇自殺——因為那個智力帶來的緊張太多了，他的思想變得過多——或者他會發瘋。

在西方，很多教授、哲學家、數學家、畫家、詩人、小說家——各種有創造力的人，天才般的——不是發瘋就是自殺。少數人做到了兩者。他們先發瘋，然後他們被認為治好而從精神病院釋放後，他們自殺了。

梵谷，荷蘭其中一個最偉大的畫家，在精神病院待了一年。被釋放後，隔天就自殺了。他寫了一封信給他弟弟：「最好還是不要發瘋，那比發瘋好。我不想再次發瘋，但我知道無法避免；我的頭腦再次以同樣的方式運作著。在精神病院，他們的藥物和鎮定劑可以使我保持正常，但住在那兒不是生活。我可以控制自己的死亡，雖然我無法度過一生，但我是滿足的。我無法控制自己的出生，但可以控制自己的死亡。」

他死時很年輕，才三十三歲，已經是世界上其中一個最偉大的畫家。他的洞見是如此驚人，以致於研究他的畫的人都很驚訝，他們無法想像他怎麼做到的。因為一百年前，他把星星畫成螺旋狀的，所有他畫的星星都是螺旋狀的。甚至其它畫家也說：「小心，你會發瘋。這是胡扯，沒人看過。星星不是螺旋狀的。」

梵谷說：「我能怎麼辦？我看到它們是螺旋狀的。」一百年後，在剛過一百年的四周前，現代物理學家做出結論說星星是螺旋狀的。我們的視力…因為它們很遙遠，所以我們無法看出它們是螺旋狀的。

現在人們很驚訝。梵谷有其洞見和天才——不靠任何儀器。科學家用各種精密儀器，花了一百年才發現星星是螺旋狀的。梵谷用眼睛…

但他開始以為自己瘋了。不，沒人同意他；甚至畫家，偉大的畫家嘲笑他。而且不是只有一幅，他所有的畫都一樣。他可以看到人們看不到的。

天才總是領先他的時代。越天才的人，就越能看到更遠的未來。沒人會認同他。他會被認為發瘋了。

被認為發瘋是不值得的；梵谷自殺了。是我們使他自殺的。

他造成什麼傷害？所以我才說不要評斷人。他沒傷害過任何人。他繪畫的畫布沒有侮辱到任何人。沒有人到警局檢舉他的畫布：「這人畫了一幅我的畫像，上面有螺旋狀的星星。」他用的顏色也沒有問題……

但人們持續評斷。你不能保持安靜嗎？也許他只是視力比你好，看得比你遠。無論如何，他沒傷害任何人。

你會驚訝：他一生沒賣出任何畫。誰會買？只有一個天才，一個有洞察力的人，一個和梵谷同一類的人才會買；否則，誰會買他的畫？你不會，因為任何到你家的人看到那幅畫會想：「這是畫嗎？你花了多少錢？」

而現在只有兩百幅畫還存在，都在他的朋友家中。

每幅畫都價值數百萬元，而梵谷卻過著飢寒交迫的生活，因為他賣不出去。他的弟弟常會給他可以生活一周的錢。他會吃四天，剩下三天禁食——以便能購買畫畫用的材料。這個禁食，我稱為宗教——不是耆那教和尚的禁食，那是愚蠢的想法。這個人用他的血來畫畫。他擁有某個比生命還重要的，以致於他隨時可以犧牲生命。

尼采也一樣。他被每個人譴責，因為如果你說愛使你超越善惡，那表示有某個東西的層次是高於善的。如果它使你超越善惡，你會是完全自由的；你的行為就無法被評斷是好的或壞的。

他是對的，但他沒有靜心的基礎。他可以爭辯，但他無法證明。他無法以他說的愛來愛。那個愛只能來自靜心——然後就不會有任何東西是好的或壞的。

愛是最高的價值。不會有任何層次是高於它的。

我深深的為尼采難過。我不會為一般人難過，因為無論他們在東方或西方都不會有任何差別——他們都會一樣。表面上的差異當然會存在。但我深深的為尼采難過，因為如果他出生在東方，他將能透過他的成道提升人類的意識，也許甚至能超越它。

奧修，什麼是覺知？為什麼會失去它？要如何再次得到它？有任何步驟嗎？

覺知從未失去。

它只是聚焦在別人或客體上。

所以第一個要記住的：你從未失去它，那是你的本性，但你可以聚焦在任何東西上。當你對追逐金錢、權力或名望感到疲倦了，然後偉大的時刻會來到你的生命中，你想要閉上雙眼，把你的覺知聚焦在它的源頭、它的根源——轉眼間，你的生命就轉變了。

不要問有哪些步驟；只有一個步驟。過程很簡單。只有一步：就是向內看。

猶太教有一個神祕且叛逆的支派，哈西德派。它的建立者，巴爾謝姆，是一個稀有的存在。某個午夜，他從河邊返回——那是他的例行工作，因為那條河在晚上是完全安靜無聲的。他常坐在那兒，不做任何事——只是看著自己，看著看者。那晚他在回來的路上經過一個富人的房子，門口有一個看守人。

那個看守人很驚訝，因為這個人都在每晚同樣的時間出現。看守人對他說：「原諒我的打擾，但我忍不住好奇。你使我整天都在困惑，每天都很困惑。你在做什麼？你為什麼去河邊？我跟蹤你很多次，什麼都沒有——你只是坐在那兒數小時，到了午夜才返回。」

巴爾謝姆說：「我知道你跟蹤我很多次，因為晚上很安靜，我可以聽到你的腳步聲。我知道你每天都躲在門後。但不只你對我很好奇，我也對你很好奇。你的工作是什麼？」

他說：「我的工作？我只是個看守人。」

巴爾謝姆說：「我的天，你給了我關鍵字。這也是我的工作！」

看守人說：「但我不了解。如果你是個看守人，你應該看守某間房子，某個皇宮。你坐在岸邊看守什麼？」

巴爾謝姆說：「有點不同：你為某人在屋外看守，避免有人進入；而我只是看著看者。誰是看者？這是我一生的努力；我看著自己。」

看守人說：「但這是奇怪的工作。誰要付你錢？」

他說：「這是如此的喜樂和歡悅、這是巨大的祝福，整件事就是很大的報酬。只要一個片刻，所有的財寶都無法與之相比。」

看守人說：「這很奇怪：我一生都在看守。從未有過如此美麗的經驗。明晚我跟你去。請教導我。因為我知道如何看守——似乎只需要改變方向；你看的那個不同的方向。」

只有一步，那一步是和方向、面向有關。我們可以聚焦於外在，或者閉上眼睛，讓全部的意識進入內在。你會知道，因為你是知者，你是覺知。你從未失去它。你只是把你的覺知都放在一千零一件事情上。收回你的覺知，讓它安定在你的內在，你就到家了。

奧修，是的！

沙加諾，不需要說出來，因為我已經從你眼中看到。當你坐在我身邊，我就聽到了，雖然你沒有出聲。

自從你來到我這兒，就從未拒絕過任何事。這很奇怪，因為你是屬於拒絕型的！過去你對每件事說「不」，也許那就是為什麼你不再拒絕。你不再有任何「不」，你已經遇到一個只能用「是」才能和他有所連結的人。

和師父在一起就是活在「是」的態度中。那就是我說的接受、敞開和嬌弱。但我知道一個人會想說出來，以為我會不知道。但我完全清楚那些跳著「是」的心跳的人。

有的人仍然處於兩種頭腦中——有時候「是」，有時候「不」。也有的人過度依賴他們的「不」——但我不考慮他們，他們不是我的人。只有「是」對他們而言是無條件的、完全的、絕對的人才是我的人。

你是幸運的。你是我的人。是的，沙加諾。

第四章

痛苦是監獄，無物是出口

奧修，我們為什麼不放下自己的痛苦、無知和不快樂？一個人要如何才能快樂和喜樂？

這是其中一個最重要的問題。

奇怪的是，痛苦、煩惱和憂慮應該很容易被放下。不應該會很困難：你不想要痛苦，所以背後一定有些複雜的原因。那就是從你童年起，一直不允許你快樂、喜樂和喜悅。

你一直被迫是嚴肅的，而嚴肅必然包含悲傷。你被迫做你不想做的。你是無助的、虛弱的、依賴的；你自然得照他們說的做。你不情願的、痛苦的、非常抗拒的去做那些事。違反自己的意願，你被迫做了這麼多，漸漸的，你很清楚一點：任何違反你的意願的就是對的，任何不違反你的意願的就是錯的。然後持續的，你的成長過程充滿了悲傷，而那是不自然的。

喜悅就是自然的，就如同健康的就是自然的。當你是健康的，你不會去看醫生：「我為什麼是健康的？」你不會對自己的健康有任何疑問。但當你生病了，你立刻問：「我為什麼生病了？原因是什麼？」

你問自己為什麼是痛苦的，這是對的。問自己為什麼是喜樂的才是不對的。你在一個瘋狂的社會中成長，毫無理由的喜樂會被認為發瘋了。如果你毫無理由的微笑，人們會以為你神智不清——你為什麼笑？你為什麼看起來很快樂？如果你說：「我不知道，我就只是快樂。」你的答案只會讓他們更加認為你哪裡出錯了。

但如果你是痛苦的，沒人會問你原因。痛苦是自然的；每個人都是痛苦的。你的痛苦沒什麼特別。你沒有在做什麼獨一無二的。

這個想法無意識的深植於你的內在，那就是痛苦是自然的，喜樂是不自然的。喜樂必須被證明。痛苦不需要證明。漸漸的，它深深的沉入到你的內在——你的血液、骨頭、骨髓中——雖然那違反你的意願。所以你被迫成為一個精神分裂者；某個違反本性的東西被強加於你。你一直因為某個不是你的而分心。

這創造了全人類的痛苦，每個人都處於他不該處於的狀態中、處於他不該如此的狀態中。因為他無法是他必須成為的——他與生俱來的權利所必須成為的——所以他是痛苦的。你一直處於這個越來越遠離自己的狀態中；你忘掉回家的路了。所以無論你在哪兒，你以為這是你的家——痛苦變成你的家，煩惱變成你的本性。受苦被認為是健康的，而不是有病的。

當某人說：「停止這個痛苦的生活，你毫無需要的一直攜帶的痛苦。」然後一個很重要的問題：「這就是我們所得到的！如果我們拋棄它，我們就什麼也不是了，我們會失去我們的身分。現在我至少還是某個人——某個痛苦的、悲傷的、受苦的人。如果我拋棄這一切，那問題會是，我的身分是什麼？我是誰？我不知道回家的路，你拿走了社會創造的虛假不實的家。」

沒人想要赤裸的站在路上。最好還是痛苦的──至少有些東西遮身，雖然那是痛苦：但不會有傷害，別人都穿著同樣的衣服。對於那些可以負擔的人，他們的痛苦是昂貴的。對於那些無法負擔的人，他們的痛苦則是加倍的──他們必須處於貧窮的痛苦中，沒什麼可以吹噓的。

所以有的人是富有的痛苦，有的人是貧窮的痛苦。後者在盡最大努力達到前者。現存的是這兩種人。

第三種已經被遺忘了。就是你的實相，它裡面沒有任何痛苦。

你問我為什麼人無法放下自己的痛苦；原因很簡單，那是他的一切。你想要他更窮嗎？他已經很窮了。有的人是富有的痛苦；他的痛苦是微小的、渺小的。他無法吹噓。而你還要他拋棄。那他將會誰都不是；他會是無物的，空無的。

所有的文化、社會和宗教都對人類犯了一個罪：創造了無物的、空無的恐懼。

但事實上，無物是通往富有的門。無物是通往喜樂的門──那個門必須是無物。牆壁在那兒，你不能穿過牆壁，你可能會撞到頭、斷了幾根肋骨。你為什麼不能穿過牆壁？──因為牆壁不是空無的，它是固態的，它是物體。所以我們把東西稱為物體：它們是存在的，不會讓你穿過它們，它們會擋住你。

門必須是無阻礙的，它必須是空無的。門的意思是沒有任何東西擋住你。你可以進入。但因為我們一直被制約，認為空無是不好的，無物是不好的，我們被制約成無法放下痛苦、煩惱和各種憂慮，無法只是成為無物。

當你是空無的，你就成了一道門——通往神的門，通往自己的門，通往你的家的門，使你連結你的本性的門。而人的本性是喜樂的。

喜樂不是某個要達到的。

它已經在那兒了；我們生來就帶著它了。

我們從未失去它，我們只是走得太遠了，一直背對著自己。

它就在我們背後；一個小小的轉向，就會是個偉大的革命。

但世界各地虛假的宗教一直說你的痛苦是因為你在前世犯下的惡行。都是胡扯。存在為什麼要等了一世才承罰你？似乎沒必要。就本質而言，事情會立刻發生。你這一世把手放到火裡面，會等到來世才燙傷？不！你會立刻燙傷，此時此地。因和果是相連的，不會有任何距離。

但這些虛假的宗教持續安慰人們：「不用擔心。只要做好事，多膜拜。常去寺廟或教堂，你來世就不會是痛苦的。」似乎沒任何東西會馬上兌現；一切都要等到來世。但沒人從來世返回說：「這些人在說謊。」

宗教是立刻發生的，甚至不用一一比對。

不同的宗教有不同的策略，但理由都一樣。基督教、猶太教、回教，這些印度以外的宗教對人們說：「你受苦是因為亞當和夏娃犯的罪。」第一對伴侶，數千年前⋯而且不是什麼大罪──是你每天都會犯的罪。他們只是吃了蘋果，神禁止他們吃的。

問題不在於蘋果，而是他們沒有服從。數千年前，某人違抗了神。然後被懲罰，被趕出伊甸園、神的天堂。我們為什麼受苦？──因為他們是我們的祖先。但這很奇怪，沒人問過這些笨蛋──這些基督教徒、回教徒、猶太教徒、他們偉大的拉比、教皇和伊瑪目：「如果那是我們痛苦的原因，那為什麼我們的痛苦是不同的？因為罪是一樣的，所以我們的痛苦應該是一樣的。但每個人受的苦不同。煩惱是不同的、憂慮是不同的、問題是不同的──為什麼會有這麼多不同？」

沒人質問過，但如果有人問，他們也不會有答案。如果全人類受的苦是一樣的，那邏輯上，原因應該是一樣的，但事實不是如此。

印度的宗教用了另一個藉口：你受苦是因為你的前世。我常遇到耆那教或佛教的和尚：「我能了解我受苦是因為前世。那第一世呢？剛開始一定有第一世，那為什麼人們那時候要受苦？那時還沒有前世。如果他們沒受苦，那人類的第一代就是活在喜樂中的；所以他們的小孩不該是受苦的。他們的小孩應該會承襲父母的喜樂──小孩會模仿。所以痛苦是怎麼來的？」

但他們會說：「你──無論你提了什麼令人尷尬的問題。我們不知道⋯第一世？那時沒人知道發生了什麼。」

但我說：「假設應該有第一世，或者你得接受另一個假設——這個惡性循環會永恆持續下去。總會有一個前世——那你就無法擺脫這個惡性循環，因為來世你會因為此世的行為而受苦。然後你七十年內都無法成為聖人，甚至無法當二十四小時的聖人。人需要假期。甚至你的聖人也有假期。來世你會再次有一些惡行……」

那些惡行是什麼？它們是如此容易犯下以致於不可能避開。你看到美女；經典說：「閉上雙眼。不要看她。」但他們忘掉你閉上雙眼是因為你已經看到她！惡行已經犯下；否則你為什麼要閉上雙眼？

你不用因為看到醜女而閉上雙眼；沒有經典說：「當你看到醜女，閉上雙眼。」奇怪。不需要任何經典、導師或宗教，你會自行閉上。但當你看到美女，你不會想閉上雙眼，你甚至會忘記眨眼——那是自然的。

不只如此，關於這個現象，最新的科學實驗指出了奇怪的地方。我可以給你一副牌，上面畫著美女、醜女、裸女、美麗的花——每張牌畫了不同的東西。而且我不用看牌。你可以持續翻牌，當你看到美女，我只要看你的眼睛就知道：「現在你看到的是美女」——因為你的雙眼是窗戶。你想要更多那樣的美，於是你的雙眼睜得更大。那是自然的機制。

當你到戶外，在太陽底下，你的雙眼會瞇起來，窗戶縮起來了，因為陽光太強，眼睛不需要那麼多光。當你回到家，雙眼會回到原來的大小。但當你看到某個美麗的，它們會睜得更大更開。那不是你控制的，不是你在這麼做。即使一個聖人也會這樣，因為那不是意志控制的。它是非意志控制的，它會自行發生。它是生理上的機制。

你知道respect這個字。人們已經摧毀了它的意義。它的意思不是尊敬——或者說不是一般尊敬的意思。respect的意思是想要再看，re-spect——spect的意思是看。如果它是尊敬，那它是對美的尊敬——因為你想要再看一次。經過的女人……你會找藉口再看她，彷彿某人叫你或你忘了某樣東西，然後你轉過頭。

這些都是罪。

但如果欣賞美是罪惡的，那所有藝術都是罪惡的。所有的畫、偉大的音樂、偉大的文學作品都是罪惡的。為什麼只限定女人？當你看著日落，你被它的美佔據，你是在犯罪。

這些宗教人士設計這類的小事以致於不可能擺脫生命之輪。你會犯罪，然後再回來受罰。

要求食物的味道是罪惡的——在耆那教——甘地借用了耆那教的戒律，因為古吉拉特邦，雖然是印度教的區域，但它的思想有百分之九十來自耆那教；甘地借用了耆那教的五個戒律。

第一個是阿斯瓦德，不要求食物的味道。你要求人們做不合人性的事——最好還是不要吃東西，而是自殺。連味道也不能要求！誰會對小孩說：「不要要求母奶的味道；否則就完了——你已經為來世做了安排。」他在享受母奶……事實上，他非常享受以致於一輩子會不斷想起。

人對母親的乳房感興趣不是沒有心理原因的。為什麼所有畫家、詩人和雕刻家都創造了美麗的乳房？——如此美麗以致於不可能存在。

我住在卡修拉荷附近。我常去那兒，因為它有世界上最美的雕像。就乳房而言，卡修拉荷是最美的；世界上沒有任何地方能創作出如此美麗的乳房。但看著那些乳房，我說：「這些乳房是不可能存在的。如果這些乳房存在，那人類會滅亡。」

帶我去那兒參觀的人問：「為什麼？」

我說：「看看這些乳房的形狀——靠著圓形乳房的小孩，他的鼻孔會塞住，他會無法吸奶。他不是無法吸奶就是無法呼吸，他必須選擇其中一者。」

大自然創造乳房不是為了那些雕刻家，而是為了小孩。它創造的乳房使小孩可以呼吸和吸奶。圓形的乳房，像個滿月，那會殺死任何人——不只小孩，還有他的父親！如果你無法呼吸⋯但就雕刻而言，那是很棒的。

但為什麼人這麼著迷？每本雜誌、每首詩⋯似乎乳房是所有藝術的主題。原因就是小孩享受過母親的乳房的味道、溫暖和流動的感覺——那是我們看不見的，但現在科學家正在探索。

他們用猴子測試：一隻猴子被給予所有成長需要的東西；一般的猴子無法得到如此均衡的食物。其它猴子被給予一般的食物，猴子所能得到的。但其他猴子可以吸母奶，第一隻猴子則只能吸機械乳房提供的奶。沒有溫暖和人的味道。

每次實驗，科學家都發現得到均衡營養的幼猴死了——只因為沒得到母親的溫暖和身體。而沒得到均衡營養的幼猴則健康的活著，因為牠得到母親的溫暖。

不知為什麼，在人的內心中，童年的經驗持續影響著。所有的藝術只是用來想起過去的黃金時刻，沒有憂慮和責任，只有愛的生命。

這些耆那教的戒律讓人很難過活。食物不要求味道，不擁有任何東西：我能了解，我教導不佔有，但我不了解不擁有任何東西。這兩者有很大的不同。你可以住在皇宮，告訴自己只是住在旅館，這不是你的；你明天就會離開，某個人會擁有它。有一天你會不在這兒，某人會佔有它。

我的弟子一直在為我尋找美麗的房子。十六年前，他們也找了一些美麗的房子，我選了其中一個。一切都安排好了，但有些法律問題。屋主的房屋持有證明文件不完整，所以我們必須等。但那人後來死了。而他的兒子不想賣房子。

於是我搬到普那。然後我搬到美國。

現在當我朋友在尋找房子，我想到那間房子。屋主死了。他的小孩，反對賣房子的，也死了——現在他的小孩持有那間房子。但他在它周圍興建了很多房子，摧毀了那個地方的美。他想要賣掉他興建的那些房子——那是一大塊綠地，有美麗的草坪和花園。我的希望是在那塊大綠地上，數千人可以坐在那個草坪上的樹下。那間房子還在那兒——那是間美麗的房子，但現在它被許多房子包圍以致於失去所有的美。它的美在於那些樹、岩石、草坪和巨大的綠地。

我問：「誰擁有那間房子？」然後我知道是第三代，我說：「人們仍然認為他們擁有東西！」他們陸續死去，屋主不斷換人。

你應該住在俗世中，但不讓俗世住在你裡面——那是完全正確的。但要求不擁有任何東西是愚蠢的。馬哈維亞赤裸的活著，因為他不能有衣物，那是一種佔有。你的要求不合人性。因為天氣會變冷、人會變老或生病。

他不會睡在床上，而是地板上。他不會用剪刀剪頭髮或用剃刀刮鬍子，因為他不能擁有任何東西。所以他用拔的：每年都有一個慶典，讓瘋狂的信徒來看赤裸的馬哈維亞拔頭髮。而這被視為偉大宗教的禁慾戒律。但你想要全人類都這麼做嗎？

者那教經典並未提到他怎麼處理他的指甲。我曾經仔細的研究者那教經典，想要知道他們怎麼處理指甲——我也是瘋狂的人！因為要怎麼處理指甲？你不能用拔頭髮的方式拔指甲。但如果你八十年不剪指甲，你會變得像動物一樣。人們甚至無法靠近你，你的指甲會至少有六呎長。它們會使每個人遠離你，特別是女人——一個好的工具：核子武器！

不，你不能期望擺脫這個生死的惡性循環。如果因和果有一段距離——這一世是因，下一世是果——那會是完全不可能擺脫的。但因為這對人們的痛苦是很大的慰藉——過去的惡行造成的。至於什麼惡行？我不了解人們犯了什麼惡行以致於全人類都得受苦。

事實是完全不同的。那不是惡行的問題，而是你遠離了你自己，你本有的喜樂。沒有宗教想要你很容易就是喜樂的；否則它們的戒律怎麼辦？還有那些偉大的修行、禁慾、折磨自己的一千零一種方式。人們打自己，直到失去意識，而那被認為是宗教上的修行。

如果放下痛苦就像我說的那樣容易，那所有虛假的宗教都會倒閉。這是能不能經營下去的問題。所以必需讓喜樂很難得到——幾乎不可能——人們只能冀望未來的某一世，一段漫長費力的旅程後。

但我以自己的經驗告訴你們：它已經很容易的發生在我身上。我也經歷過很多世，我一定也犯下比你們更多的惡行——因為我不把它們視為惡行。對美、味道和所有一切的體會，使生命更值得去活過和愛過的一切，對我而言不是惡行。

我要你變成敏感的、對一切事物擁有美學上的敏感。它們會使你更有人性，使你更柔軟、更感激存在。

而且那不是理論。我已經接受無物是一道門——我稱為靜心，無物的另一個名字。當無物發生，突然間，你會和自己面對面，所有的痛苦都消失了。

然後你做的第一件事就是笑自己是個笨蛋。痛苦從未存在；你一邊創造它又一邊摧毀它——你當然會是破碎的、精神分裂的狀態。

它是非常容易簡單的。

存在中最簡單的事就是成為自己。

那不需要任何努力；你已經是了。

只要記住：只要離開所有社會強加於你的愚蠢觀念。那就像蛇蛻掉舊皮一樣簡單，而且你永遠不會回頭。那只是舊皮。

如果你了解，它在這個片刻就能發生。

因為在這個片刻，你會了解痛苦並不存在、煩惱並不存在。

你是寧靜的，站在無物之門前；只要再往內一步，你就會發現數千世以來一直等著你的最大的寶藏。

奧修，在頭腦中、在思考的過程中，裡面有這麼多的能量。要如何創造性的、建設性的利用這個能量？

這個問題很複雜。看起來簡單，但並非如此。

你問：頭腦充滿了能量，要如何創造性的、建設性的利用這個能量？

但誰在用這個能量？

如果是頭腦，那永遠都不會是創造性的、建設性的。

那就是世界各地所發生的。那就是科學的狀況。所有科學造成的災難肇因於頭腦在使用能量。但頭腦是負面的力量；它無法創造性的使用任何東西，它需要主人。頭腦是僕人。你的頭腦有主人嗎？

所以對我而言，這個問題在於：靜心會把主人帶進來。它使你完全覺知和意識到頭腦是你的工具。現在你可以用它做任何你想做的。如果你不想用它，你可以把它放一邊，處於完全的寧靜中。

現在你不是主人——甚至五分鐘。你無法對頭腦說：「拜託，只要五分鐘保持安靜。」在那五分鐘內，頭腦會比以往更快速的運作——因為它必須讓你知道它才是主人。

西藏有一個著名的故事。有個人想要學習神通，所以他服侍某個被人們認為知道所有秘密的聖人。他從早到晚服侍著聖人；不再做生意。老聖人不斷告訴他：「我什麼都不知道。你不必要的放棄了生意，變成我的負擔，因為每當我看著你：你整天坐在這兒，在我的腦海中，我不知道任何神通。能怎麼辦？」

那人說：「你無法輕鬆的擺脫我。我聽說你一直藏著那些秘密。但如果你這麼固執，我也會堅持到底。我會在這兒坐到死，我要學到神通。」

最後，聖人說：「這就是咒語」——沒很複雜，是簡單的咒語——「只要複誦唵、唵、唵卡，當你變得越來越和這個咒語協調一致，你就會得到所有神通的秘密。」

那人立刻就想回家。當他要離開寺廟時，聖人說：「等等！我差點忘記。在你沐浴後，當你坐著複誦咒語時，記住不要讓任何猴子出現在你的腦海中。」

那人說：「你老了！我這一生從沒想到過任何猴子。不用擔心。」

他說：「我不擔心。只是讓你知道，以便你不會再來找我說猴子影響了每件事。」

那人說：「不用擔心猴子。我的腦子裝滿了一切，但猴子？我沒想過，甚至沒夢到過。」但在返家的路上，他很驚訝；猴子開始出現在腦海中——大猴子，咯咯笑著。他說：「我的天！」他試著趕走牠們：「走開！滾開！我和你們沒任何關係，尤其今天！」但他很驚訝，不只一隻猴子，而是一整列；牠們從四面八方來到。

他說：「我的天，我從沒想過腦子裡藏了這麼多猴子。但先讓我洗個澡。」然而很難洗澡，因為他一直喊著：「滾開！滾開！」

最後他妻子敲了門：「怎麼回事？誰在裡面？你一個人嗎？」

他說：「只有我。」

「那你為什麼大叫著走開、滾開？」

他說：「是那些猴子……」

妻子說：「你瘋了。什麼猴子？這兒沒任何猴子；安靜。」

他說：「奇怪。這女人沒對我這麼兇過，但某方面而言，她是對的，因為浴室裡沒別人。但說牠們在我腦子裡似乎更糟。」

他坐在膜拜神明的地方，但猴子在腦子裡。他閉上雙眼，看到牠們坐在他附近。他說：「我從沒想過猴子對我這麼有興趣。你們為什麼打擾我？腦子裡有些猴子，如果我不理會頭腦，就會有些猴子坐在我附近。牠們從四面八方推擠著我，而且咯咯笑著！我是個安靜的人，這不是有禮貌的行為。」

然後妻子來看他：「你在跟誰說話？」

他說：「我的天，現在我得解釋某件我自己也不了解的事。今晚不要打擾我。我明早會去找那個老人。」

當晚，他洗了很多次澡，用力抹肥皂來洗淨自己，但沒用。事實上，浴室充滿了猴子以致於進出浴室都很困難。當他回到了膜拜神明的地方，牠們都坐在那兒——甚至有隻大猴子坐在那兒念誦著唵、唵、唵、唵。

那人說：「我無法等到早上了。」那時是半夜。他趕到寺廟叫醒老人：「你給了我什麼咒語？」

他說：「我說過了，那就是條件。那就是為什麼多年來我從未告訴任何人——因為那個條件無法達到。你只能拋棄想要得到神通的想法，猴子會消失。」

那人說：「只要…我就是為這來的。我不要任何神通了，我不要任何秘密了。只要幫我擺脫這些猴子，因為牠們坐在每個地方，如果我明天營業，店舖裡面會坐滿牠們。我是個可憐的商人。我做了錯誤的選擇；這不是我要的。你做好你的工作，拜託，如果你能幫助我…」

聖人說：「沒問題。如果你拋棄想要神通的想法，那些猴子會消失。牠們是神通的守護者。」

如果你試著五分鐘停止思考，將會有比以往更多的思想運作著——只是讓你知道你不是主人。所以一個人得先取得主控權，但不是對思想說：「停止。」變成主人的方式就是觀看整個思想運作的過程。

如果那個人只是看著猴子，讓牠們咯咯笑著，讓牠們做任何牠們想做的；如果他只是個觀看者，那些猴子會離開——發現這個人似乎漠不關心，完全沒興趣。

你的思想必須了解一點：你對它們沒興趣。當你做出這樣的決定，你就達到一個巨大的勝利。只是看。不要對思想說任何話。不要評斷。不要譴責。不要叫它們離開。讓它們做任何它們要做的、任何體操訓練；你只是看、享受著。那只是一部美麗的影片。你會驚訝：只是看，會有一個片刻來到，思想不存在了，沒有什麼要看的。

這個出口就是我說的無物；空。

透過這個出口就能進入你真正的存在，也就是主人。

而那個主人是完全正面的；透過它，一切都變成了黃金。

如果愛因斯坦是個靜心者，同樣的頭腦會創造出不是摧毀長崎和廣島的原子彈，而是提高全人類生活水準的原子能。沒有靜心，頭腦會是負面的，它一定會為死亡服務。透過靜心，主人存在，而且是完全正面的。透過主人的控制，同一個頭腦、同樣的能量會變成創造性的、建設性的、肯定生命的。

所以你無法直接對頭腦做任何事。你必須稍微迂迴；你得先把主人帶進來。主人不在那兒，好幾世紀來，僕人一直以為自己是主人。只要讓主人進來，僕人就會了解。只需要主人的存在，僕人就會跪在主人腳下等待指示，任何主人想要做的——它準備好了。

頭腦是非常強大的工具。沒有任何電腦比頭腦還強大——沒辦法，因為它是頭腦設計的。沒有任何東西可以，因為它們都是頭腦設計出來的。一個人的頭腦就有這麼大的能力：在小小的頭骨內，如此小的腦部可以包含地球上所有圖書館的資訊，那不是小數量。

只是一個圖書館，英國圖書館，裡面的書如果排成一整列，可以繞地球三圈。而莫斯科有更大的圖書館，哈佛有一個同樣大的圖書館；世界上所有的大學都有類似大小的圖書館。但一個人的頭腦就能包含所有圖書館的資訊。科學家同意我們無法在放置腦部的小小空間內，設計出可以和腦部相比的電腦。

但這個給予人類的大禮造成的結果卻不是有幫助的——因為主人不在，是僕人在主導。結果就是戰爭、暴力、謀殺和強暴。人活在夢魘中，唯一的解決方法就是把主人帶進來。它在那兒，你只需要掌握它。而觀照就是鑰匙：只要看著頭腦。一旦沒有思想的存在，你立刻就能看見自己——不是頭腦，而是某個在一切之外的、超越頭腦的。

一旦你與它協調一致，那頭腦就在你掌控中了。它可以是非常有創造性的。可以使這個地球成為天堂。不需要尋找雲朵上的任何天堂，也不需要尋找任何地獄——因為我們已經創造了地獄。我們就活在它裡面。

我聽說有個偉大的政客死了。自然的，他怕被帶到地獄。他知道自己的一生：都是犯法的。不可能不犯法就得到政治上的權力。要沿著權力的梯階往上爬，你必須摧毀和殺害——你必須做盡一切。但如果你成功了，你會被原諒，沒人會記得你做的任何錯事。他是個成功的政客。但當他死了，他很害怕；他記得自己的過去，他確信「我會下地獄。現在沒任何事能有所幫助。那些政治把戲在這兒沒用」。

但當他睜開雙眼，他出現在天堂。他無法相信。他問了把他帶到這兒的天使：「似乎有些地方出錯，某個官方的失誤。這兒是天堂，而你帶我到這兒？」

「這兒是天堂，沒錯。我們沒搞錯，是你掙得的。」

那人說：「你在說什麼？我做了各種錯事。」

他們說：「我們知道，但你的一生都活在地獄中，再把你送到地獄有失公允。此外，我們的地獄是很過時的。你已經在很現代的地獄裡活過，我們不想自取其辱。我們的地獄是非常古老的，我們折磨的方法是非常古老的，你們已經改善了一切，事實上你會笑我們——這是地獄？所以唯一的方式…連神都感到驚訝。你晚了三天。你一定三天前就死了，但神花了三天才決定要讓你去哪兒。我們最後決定：最好讓他去天堂，因為他已經在地獄待夠了。」

人們持續思考地獄是在地底的某處——但你就活在地獄，這就是美麗的地方——而天堂在天上的某處。

如果頭腦可以由主人，也就是你的本性來引導，你可以把地獄變成天堂，那是簡單的過程…

但不要直接對頭腦做什麼，否則你會陷入麻煩。甚至會發瘋。如果你試著讓頭腦的能量往創造性的方向前進——你甚至無法讓它停止片刻，卻想讓它往創造性的方向走——你會發瘋。你會精神分裂。

不要理會頭腦。只要先找到主人。它是複雜的機制。讓主人在那兒，然後頭腦就會像僕人一樣，非常完美的運作著。

在東方，我們已經做到了。佛陀可以很容易就成為愛因斯坦，他擁有更高的天賦。但他一生的關注在於用覺知、慈悲、愛和喜樂轉變人們。

第五章
瘋狂：頭腦最後的革命

奧修，我不知道什麼是正確的覺知。要如何判斷我的方向是正確的？

不存在正確的覺知，因為不存在錯誤的覺知。覺知就是正確的。所以先拋棄錯誤的問題。一旦你問了錯誤的問題，就無法得到正確的答案。

不要問什麼是正確的覺知。只要問什麼是覺知。你的問題造成錯誤的印象，你以為你知道什麼是覺知，但不知道什麼是正確的覺知和錯誤的覺知。要完全的清除你腦中的那個錯誤。

覺知是簡單的、單純的。每個人都擁有它，所以問題不在於如何達成它。一個錯誤的問題會產生另一個錯誤的問題：首先你問什麼是正確的覺知，然後你問如何達成它。

你已經擁有它了。

當你看到日落，你會沒覺知到嗎？當你看到玫瑰花，你沒覺知到嗎？你覺知到美麗的日落和玫瑰花；所需要的只是你覺知到你的覺知。那是唯一要加入的，唯一要改進的。

你是覺知到客體的。

你也必須覺知到你的主體。

當你看著日落，你是如此投入在日落的美以致於你完全忘掉還有一個更大的美，因為它才能使你能夠知道日落的美——就是你的覺知。但你的覺知聚焦在客體——日落、日出或月亮。拋下客體，只要沉入純粹的覺知、寧靜和安和中。只要保持警覺的。

我想到一生中看過的其中一個最美的故事。有個日本天皇派他的兒子去找一個神秘家、一個師父，學習覺知。天皇老了。他對兒子說：「投入你所有的能量，因為除非你是覺知的，否則你無法繼承我的位置。我不會把這個國家給一個熟睡的、無意識的人。問題不在於父子間的關係。我父親也是等我達到了覺知的狀態才讓位給我。我不是正確的人，因為我不是長子，我是最小的。但我的兩個哥哥都沒達到。」

「你也得達到同樣的要求。而且情況更棘手，因為我只有你一個兒子：如果你沒達到，這個國家將會落入某人的手裡。你會在街上乞討。所以那是生死相關的問題。去找這個人；他曾是我的師父。現在他很老了，但我知道如果有誰能教你，一定是他。告訴他：我父親病了、老了，隨時會死。時間很短，我得在他死前變成完全覺知的；否則我會失去這個國家。」

這也是一個很象徵性的故事：如果你不是覺知的，你會失去整個王國。

天皇的兒子去找那個住在山上的老師父。他對師父說：「是你的弟子，天皇，讓我來找你的。」

師父很老了，比他父親還老。他說：「我記得他。他真的是一個真誠的求道者。我希望你可以證明自己也有同樣的特質、天賦、全然性和強度。」

年輕的皇子說：「我願意做任何事。」

師父說：「那先打掃社區。記住一點——我隨時會打你。你可能在掃地，我可能會從背後用棍子打你，所以要警覺。」

他說：「但我是來學習覺知的⋯⋯」

師父說：「這就是你學習的方式。」

一年過去了。剛開始他每天都被打很多次，但漸漸的，他開始變得覺知。甚至老人的腳步聲⋯⋯他也許在做任何事——無論如何投入，他會立刻覺知到師父在附近。皇子會準備好。一年後，當皇子很投入的跟修行所的某人講話時，師父從背後打他，皇子持續說話，但在棍子碰到他之前就抓住了棍子。

師父說：「這就對了。現在第一堂課結束了。第二堂課在今晚開始。」

皇子說：「我一直以為這就是全部。但這只是第一堂課？總共有幾堂課？」

老人說：「那依你而定。第二堂課是我會在你熟睡時打你，你必須在睡眠中保持警覺。」

他說：「我的天。要如何在睡眠中保持警覺？」

老人說：「不用擔心。我有無數個弟子通過測試。你父親也通過了。那不是不可能。很困難，但是個挑戰。」

當晚，他被打了六次、八次、十二次。很難入睡。但六個月後，他感覺到內在有某種覺知。有一天，當師父正要打他，閉著眼睛的他說——不用打了。你太老了。那令我難過；你攬了這麼多麻煩。我是年輕的，我可以撐過這些擊打。

師父說：「你是被祝福的。你通過了第二個測試。但到目前為止，我一直用木棍打你。第三堂課會是從明早開始，我會用劍砍你。保持警覺！只要一個片刻不留神，你就死了。」

一大早，師父常會在花園靜坐，只是聽著鳥鳴聲⋯花兒盛開、日出。皇子想：「現在是危險的！木棍是令人疼痛的，但不會殺了我。一把劍⋯」他是個劍客，但沒給他任何東西保護自己；只有覺知能保護他。

他腦中有個想法：「老人是危險的。在他開始第三堂課前，我要先確認他自己是否可以通過第三個測試。如果他會危及我的生命，除非我確認他是有資格的，否則不能讓他這麼做。」當他躺在床上時，有了這個想法；那是個寒冷的早上。

師父說：「離開你的毯子，你這笨蛋！你想要用劍砍你的師父嗎？令人羞恥！我可以聽到你思想的腳步聲⋯拋棄那個想法。」師父聽到了。但皇子還沒對他說任何話或做任何事。思想也是東西。思想在移動時也會有聲音，那些全然警覺的人可以讀到你的思想。甚至在你覺知到它們之前，他們就覺知到了。

皇子很羞愧。他跪在師父面前說：「請原諒我。我真是愚蠢。」

但因為那是把劍，他變得覺知到周遭的一切，甚至他自己的呼吸和心跳。只是一陣微風吹過樹葉，一片枯葉在風中飄動，他都能覺知到。師父試了好幾次，但他都提早發現了。師父無法用劍砍他，因為他沒看到皇子有任何片刻是不警覺的、無意識的。他就是警覺。那是生死相關的問題——你除了保持警覺沒有辦法。

三天過去了，師父找不到任何間隙和漏洞。他把皇子叫來說：「你現在可以離開了，告訴你父親——這是我的信——這個國家是你的。」

覺知是一個越來越覺醒的過程。

無論你在做什麼，你可以像機器人一樣的做，或者……只要觀察：你走路的方式，是警覺的或只是個機械性的習慣？

有個人被帶來找我，他真的是一團糟，他是個教授，但走路像個女人——那是奇蹟。很難走路像女人，你需要一個子宮。只有子宮可以使你以某種方式走路，否則不行。

但由於某個大自然的反常，他從小就這樣走路。而且每個人都笑他，說這樣走路是不對的，所以他努力嘗試不這樣走路。但他越是努力，就越難改變。那已經是根深蒂固的習慣。

他是個才華橫溢的人，一個好老師。但在大學，無論他走到哪兒都被人嘲笑。任何看到他走路的人都會笑——看這個人！他接受過心理治療，看過很多醫生，但沒用。

某個人推薦了我。所以他的父母帶他來找我，我說：「做一件事。在我面前，有意識的，試著像女人一樣走路。」

他說：「你說什麼？那是我要解決的問題！」

我說：「你忘掉問題。只要在我面前像女人一樣走路，完全有意識的，盡可能優雅的。」

他看了父母。他說：「你把我帶到什麼地方？我要擺脫它，但這人似乎要加強我！」但父母說：「不會有什麼傷害，只要試試。他有些深奧的想法——你試試。」

他被迫嘗試——但他無法像女人一樣走路，因為現在他試著有意識的走路。他很驚訝，無法相信。他說：「我一生都試著走路不像女人，但那是個無意識的努力……因為人們的嘲笑。」

我說：「如果你想擺脫它，無論你在哪兒，記住：你必須像女人一樣的走路，有意識的。無論在大學、市區或俱樂部——無論你去哪兒，像女人一樣的走路，有意識的。」

三年後，他遇到我：「這三年來，它沒再發生了。我盡了最大努力。」

我說：「持續試，因為那個努力就是你的警覺。」

人們來找我——他們想要戒菸，試了無數次。再次的，數小時後，那個渴望又出現，他們全身的神經系統都在渴望尼古丁。然後他們會忘記宗教的教導「你會下地獄。」他們準備好了，因為誰知道地獄是否存在？但現在他們無法住在地獄中；他們的腦子裡都是香菸。

我對這些人說：「不要戒菸。有意識的抽菸、充滿愛的、優雅的；盡可能的享受它。既然你要摧毀肺部，何不盡可能美麗的、優雅的摧毀它們？那是你的肺部，別人管不著。我可以承諾你不會下地獄——因為你沒傷害任何人，你只是傷害自己；而且你付了代價。你沒有偷香菸，你有付錢。為什麼會下地獄？你已經受苦了。」

某個人承受著肺結核的病痛。醫生說：「你要戒菸；否則你一定會得到癌症，你正在為它打基礎。」還需要什麼地獄？

但當你決定這麼做，當你無法不抽菸，那就有意識的做、虔誠的做、美麗的做。他們一邊聽我說一邊想：「這個人瘋了。他在說什麼——虔誠的？」

我會教他們如何有意識的、緩慢的從口袋拿出煙盒、打開煙盒、拿菸——看著一切。如此美麗！你如此喜愛它，你應該花點時間和關注在它上面。

然後點燃它；看著煙霧，當煙霧進入你裡面，保持警覺的。你在做偉大的工作：純淨的空氣是免費的；汙染它是花錢的、很難賺的——所以完全的享受它。

煙霧的溫暖、煙霧的進入、咳嗽——警覺的！呼出美麗的煙圈，它們會往天堂飛去。你無法下地獄；連你呼出的煙霧都會上天堂，所以你怎麼會下地獄？只要享受它。我強迫他們：「在我面前抽，這樣我才滿意。」

他們說：「那看起來又怪又蠢，你在說什麼？」

我說：「如果你希望擺脫這個渴望，這是唯一的方式。」

他們會照做，然後對我說：「這很奇怪，我初次感覺自己看著一切。不是我在抽菸——也許是頭腦或身體，但我看著一切。」

我說：「你知道秘訣了。現在只是看，抽多點菸，因為你抽越多，你就越警覺。早上抽、晚上抽、半夜醒來也要抽。不要錯過抽菸的機會。不要管你的醫生、妻子或任何人。只要做到一點：保持警覺。讓它像一門藝術。」

無數人發現那個渴望消失了。不需要香菸了。甚至那個渴望⋯回顧這一切，他們甚至無法相信受到這樣的束縛。擺脫這個監獄的唯一秘訣就是覺知。

你有覺知，你只是不使用它。所以去使用它，以便越來越熟練它。不使用它，就會累積灰塵。

任何行為——走路、吃飯、喝水——無論你做什麼，讓警覺之流保持隨著流動。你的一生將會開始出現宗教性的芬芳。

所有的覺知都是對的，所有的無覺知都是錯的。

奧修，頭腦警告我，如果我選擇覺知，它會停止幫助我融入社會，暴露我內在的罪惡感。同時用尋找真理的風險來說服我停止，但我確實沒勇氣面對這些。可否請你評論？

你的問題有很多暗示。首先，每個人都有勇氣。但你從一開始就不被允許使用它。社會想要你當個懦夫。社會非常需要懦夫，因為它在意的是使你成為奴隸。

父母在意的是你的服從——你的勇氣會不讓你服從。老師要你毫無質疑的接受他們說的一切——你的勇氣可能會使你提出問題。教士要你相信、擁有信仰——你的勇氣可能會造成懷疑。所有既得利益者都反對勇氣，而那是你存在的一部分。

沒人生來是懦夫。懦夫是後天造成的。

每個小孩都是勇敢的。我從未遇過任何小孩是不勇敢的。發生了什麼事？這個特質怎麼不見了？同一個小孩，當他離開大學卻變成了懦夫。你們的教導、宗教、社會和人際關係——丈夫不要妻子是勇敢的；妻子不要丈夫是勇敢的。每個人都想支配別人。人自然會變成懦夫。

妻子想摧毀丈夫的勇氣是奇怪的。這樣她就無法愛他了，因為女人愛的是有勇氣的男人。我們使生命變得很複雜。我們過著非常無意識的生活。沒有妻子想要丈夫變成懦夫，但每個女人都在把他貶成懦夫。但這樣她就進退兩難：她要丈夫是個英雄，但是是外面的英雄，不是家裡面的英雄。但這不可能——要他在家裡面像個老鼠，在外面則是獅子。但人們仍想辦法做到，每個人都知道其他人的狀況——因為都一樣。

父母很高興有一個服從的小孩。

我不是個服從的小孩——我的家庭是個大家庭：叔叔、嬸嬸、很多人，住在一起。每當有客人或重要的人來到，他們會試著要我離開：「去，任何地方都可以！」他們會介紹其它服從的小孩——我的弟弟妹妹——但我會在正確的時間出現並介紹自己：「他們忘了；我是最大的：他們和我有個共識。」

我父親會尷尬的問：「什麼？」

人們會問：「什麼共識？」

我說：「就是每當出現了需要介紹我的場合，他們會要我離開。那表示某人要來了，某個重要的人——所以我自然得在中途出現，在正確的時間介紹自己。這些人沒有勇氣介紹我。」

他們的問題是什麼？就是每個人都必須是服從的。他們說：「現在很晚了。」小孩也會說：「現在很晚了。」但我看時間沒有很晚，還是白天。所以現在只有兩個方式：聆聽我自己的智慧，或者成為服從的小孩以便被尊重。

在我家和一間寺廟之間有一塊地，法律上是我父親的。如果上法院，他會贏得那塊地。但事實上，那塊地是廟方的；是因為某個愚蠢的教士把那塊地的權狀給了我父親。我知道來龍去脈，當訴訟開始，我對父親說：「我會去法院說出事實：你有那塊地的權狀，但那塊地是廟方的。我不會讓你贏。」我那時還沒滿十三歲。所以我說：「也許法院不會相信我，因為我還不是成年人，所以我已經說服祖父——我會帶他跟我去。」

我父親說：「你不該管這些事。你應該關注你的學業和學校的事。」

我說：「那些我有在處理，但無論發生任何事：如果我看到某件不對的事要發生，我會第一個跳出來。你最好放棄訴訟。」

我把祖父找來，對父親說：「你可以問你父親。你的兒子反對你，你父親也反對你，因為我們都知道事實。」

然後我的祖父說：「無論他多麼不聽話和叛逆，這件事他是對的，我會站在他這邊。你放棄訴訟；否則你會輸掉訴訟和面子，因為你的兒子和父親都會出庭作證。」

他只好放棄訴訟，把土地還給廟方。

他氣了很多天。我說：「不需要生氣。你應該高興有個勇敢的兒子，甚至會反對你。如果要決定事情的真假，他會選擇事實；他不會跟從你。你可以依賴我。但你沒有為此高興，反而很生氣。」

但情況就是這樣。

在學校，每個人必須戴帽子。我不反對帽子，我喜歡它——但因為那是強迫的……我第一天就沒戴帽子上學。老師說：「今天是第一天，所以你不知道必須戴帽子。沒戴帽子不能上學。」

我說：「我會上學。當我收到入學通知，沒有告知我得戴帽子。我甚至可以赤裸的來上學，你不能阻擋我。我收到入學通知了，我的衣服不需要入學通知。」

老師說：「你似乎很瘋狂。赤裸的？」

我說：「沒錯，明天我會赤裸的來上學。」

他立刻帶我去見校長。他說：「你來對付他，他似乎很奇怪。我只是要他戴帽子，因為那是必需的……」

校長說：「怎麼回事？你為什麼不守校規？」

我說：「我準備遵守任何講道理的規定，但不是被迫的。你必須證明帽子和智慧有關。就我所知：在印度的孟加拉人不戴帽子，但他們是全國最聰明的。而旁遮普人最愚蠢。」

「你必須證明。我來上學是為了更有智慧、理智和成熟。你的帽子對這些有什麼幫助？

有什麼前例嗎？佛陀、馬哈維亞、克理虛納都沒戴帽子。為什麼要強迫我做某件無意義的事？」

「你告訴我意義在哪兒，我會遵從。但我無法遵從任何被迫的。你不了解規定的心理學，憑什麼制定校規？你為什麼要戴帽子？它對你有任何幫助嗎？」

校長說：「我們從沒遇過有人提出這種問題。你可否給我一些時間思考？」

我說：「無論你要多少時間，我都可以給你。我會在這個學校待七年，不會戴帽子。我不知道——這可能會變成一個運動。還有別人——有兩千個學生——「他們可能會扔掉帽子，我不知道。如果他們有任何智慧，就應該扔掉。」

等到我要離開學校，帽子已經消失了，因為他從未找到答案。

我離校的那天…我去上大學，一年後，我回來看我的村莊。帽子又被迫戴上。我去找校長：「這完全是醜陋的。你無法回答我。七年來，兩千個學生都沒戴帽子；你無法阻撓。現在我離開學校，帽子又出現了——因為這些人沒質疑；他們只是服從，因為那是校規。但你至少有點擔當，如果你無法為規定提出證明，那個規定應該廢除。但你是狡猾的」——彷彿在等我離開學校。

那七年對他而言一定很漫長——因為不只那件事；還有無數事在那七年中發生。

但我從未傷害人。如果我不服從某件事，我有我的理由，如果可以從理智上說服我，我隨時準備去服從。

但社會謀殺了你的勇氣。所以關於你的問題，這是第一點：拋棄你沒有勇氣的想法。你一直被不斷告知你沒有勇氣，你相信了。但那只是拋棄某個制約的問題，你將會得到一直被壓抑在你裡面的一股強大的高漲能量——那個能量會是你的轉變所需要的。

第二點：你說：「我的頭腦說如果你尋找真理和靜心，如果你變成求道者，你將無法融入社會。」頭腦沒說錯。它說的是事實；你會無法融入社會。但融入社會並沒有任何價值。只有笨蛋會融入它。你越有智慧就越難融入。

所有偉大的藝術家、科學家、神秘家、哲學家、詩人和畫家——都無法融入。遇到一個這樣的人就是遇到一個美麗、勇敢、有智慧的人，就是遇到一個準備站出來反對全世界的人。這個情況會看到一個人的偉大之處。

他呈現出最高層次的存在、最好的狀態——他必須如此，因為全世界都在反對他。他單獨面對全世界；他無法是昏睡的、糟糕的、平庸的。他必須磨銳他的智慧和存在。這個他和全世界之間的對抗將會成就他偉大的特質。

整個人類歷史上，你可以用手指算出那些對抗全世界的人。正是那個對抗使他們成為自己的光。

如果你想融入世界，你必須妥協，但所有妥協都是錯誤的。它是醜陋的、無靈性的，那是和自己的本性對抗。所有的妥協，毫無例外，都貶低了你的人性、都在羞辱你。

毫不妥協的人有一種完整性。你可以殺了他，但你無法殺掉他的靈魂。你可以摧毀他，但你無法摧毀他的洞見和真理。

蘇格拉底被毒死，下令的法官感到愧疚——因為蘇格拉底是個天真的人。他唯一的罪是他不妥協。在一個好的世界、更好的世界、更人性的世界裡，這會是人類其中一個最好的特質：不妥協。那些準備妥協的人不是人，而是畜生。

那個法官有點罪惡感。所以他對蘇格拉底說：「因為多數法官的決定」——但不是多數，只是多一個人——「我們必須判你被毒死。」

蘇格拉底說：「你不用有罪惡感，因為你並不是殺死我，而是殺了你自己。讓我提醒你，你的名字將會被記得，因為你下令毒死蘇格拉底；你的一生沒做過什麼偉大的事。只要人類還渴望知道真理、自己和存在的神秘，我的名字就會一直被人類記住。你無法殺死我，你只是殺了自己，你在未來的全人類面前宣判了自己的罪。」他的預言被證實了。

你的頭腦說你會無法融入世界。但另一方面，你的頭腦堅持並說服你：如果你尋找真理，你會浪費你的一生。所以你很困惑，因為你不了解頭腦的本質。

頭腦的本質是辯證的，它是反對自己的。無論任何事，頭腦都不是一致的——它無法是，那是它的本質。它總是分裂的，一個分裂出來反對自己的房子。所以一方面它說了這樣，另一方面又說了完全相反的。

頭腦就是這樣創造出緊張、憂慮和煩惱。你無法做任何事。如果你做了某件事，它的另一部分會說：「你在做什麼？你會無法融入社會。」如果你聽從這一部分，想著：「我不想要融入，我不準備被釘上十字架、毒死或砸死。」那另一部分會說：「你不夠勇敢。你是懦夫。」你無法這麼做也無法那麼做。你會一直站在十字路口，頭腦會說各種話；你只遇到兩種選擇還算單純。

頭腦可以說很多彼此矛盾的，並用理由支持它們。那就是人們如何發瘋的。頭腦是發瘋的基礎，是瘋狂成長的地方。它是造成精神分裂的原因。例如，你的問題會使你精神分裂——無論你怎麼做都會是錯的，因為另一部分會持續取笑你：「聽好，你要犯錯了。你會無法融入。別說我沒提醒你，我已經告訴你了。別傻了。回來！」如果你退回來，另一部分會開始說：「所以你終究是個懦夫，沒膽子，害怕無法融入。那你活下去有什麼意義？如果你甚至無法尋找自己的本性，那你的生命有什麼意義？」

這就是頭腦造成的問題。

我曾經是個學生，而創立大學的人，哈理辛高爾，他是副校長。我們變成朋友，因為我常一大早在一條無人的街上散步，太陽還沒出來，他也常獨自在同一條街上散步。我們是唯一的路人，所以自然的……一開始是對彼此說早安。漸漸的，我們開始一起散步。他開始問我問題，我主修什麼，我在做什麼，然後年齡的差距逐漸消失。他開始邀請我在散步後去喝茶。他對我的想法感興趣，因為每當我聽到他說了某些我無法接受的事，我會否定他，提出各種理由反對。他喜愛這樣。

他說：「你不該念哲學。」他是法律人，聞名世界的法律專家。他說：「你應該念法律，如果我們在法院，你一定會贏。」

但我對他說：「那只是頭腦的遊戲。我可以支持也可以反對；頭腦隨時準備要選擇其中一者。」

他說：「奇怪…這讓我想到一件事。」他替齋浦爾的邦主去樞密院為一個很大的案子辯論。但他是個酒鬼，到了傍晚，他在一個宴會上喝太多了，因為那個酣醉，以致於忘掉他為哪一方辯論。然後在那個案子上，他開始提出不利齋浦爾邦主的論點。那個邦主無法相信。高爾的助理拉了他的外套，但他不理會，他把外套搶回來…他完全讓那個邦主輸了，但他應該是要為他辯論的！而另一方，烏代浦的邦主也很驚訝；他原本會輸的。他們的辯護人原本也擔心他會說什麼：「這個人瘋了，他喝醉了，但他提了美麗的論點。」

但到了午餐時間，他比較清醒了。助理告訴他一切——齋浦爾的邦主雙眼含著淚水——他說：「你做了什麼？」

高爾說：「怎麼回事？大家看起來好像發生了什麼奇怪的事。」

邦主說：「還能有什麼更奇怪的？我們僱用你，而你卻提出反對我們的論點。你讓我們輸了。」

他說：「不用擔心，還有時間。午餐後我會處理。」

午餐後他開始說：「我在午餐前說的一切只是在準備：那些是我的對手可能會提出的論

點。我現在要針對每個論點來反駁。」到了傍晚，他摧毀了所有午餐前提出的論點。

然後樞密院議長問了烏代浦邦主的辯護人：「你有什麼要說的嗎？」他說：「沒什麼好說的，他說了任何我能說的，而且說得更好，然後又摧毀了它。案子結束了。」高爾贏了。

他對我說：「我可以了解頭腦是個妓女。它沒有任何忠誠度——只要誰付得多，它就會跟他走。」

你的問題無法被頭腦解決。無論你做什麼，頭腦都會保持一個平衡。如果你為一方增加論點，頭腦就會為另一方增加論點，會一直是個平衡。頭腦裡面沒有解答。

但如果你可以擺脫頭腦，只是個觀照，那就是解答。頭腦會和它所有的辯證和二分論一起消失。看著頭腦，覺知頭腦——不選擇任一邊，無選擇的覺知——那就是訣竅。漸漸的，頭腦會平靜下來，然後會有一個巨大的空。在那個空裡面，你會找到答案。

我無法給你答案，沒人可以。

只有你的空、你的無物會成為答案。

無物就是答案，不是頭腦。

如果你一直處於頭腦中，你只會發瘋——那是頭腦最終的可能和演變。如果你不想發瘋，那你得只是不上不下的，這兒做個妥協，那兒做個妥協，聽從這兒一點，聽從那兒一點——破碎的，永遠沒有個體性和靈魂。

所以不要試著在頭腦中找到答案。那就是俗世的整個狀況，沒有任何結論；數千年的討論和辯論，但沒任何結論。而那些離開頭腦的人馬上就得到了結論。

頭腦不是答案。無念才是答案。頭腦導向瘋狂。無念導向最終的佛性和覺醒。

第六章
頭腦只是思考，靜心則是知道

奧修，人為什麼不能是靜心的？要如何創造一個靜心的運動？

靜心是危險的、冒險的。

對所有既得利益者而言，它是危險的，對頭腦而言，它是冒險的。

頭腦和靜心無法共存。不會有同時擁有它們的問題。你只能擁有頭腦或者靜心，因為頭腦是思考的，而靜心是寧靜的。頭腦是在黑暗中尋找出口。靜心則是看，沒有尋找的問題，它知道出口在哪兒。

頭腦只是思考，靜心則是知道。

這是人無法靜心的基本原因——或者為什麼只有很少人敢靜心的原因。我們的訓練是屬於頭腦的。我們的教育是針對頭腦的。我們的野心和慾望只能透過頭腦滿足。你可以透過培養一個很狡猾的頭腦成為一個國家的總統或總理，而不是透過靜心。透過父母和社會為你準備的所有教育，以便你可以滿足你的慾望和野心。你想要成為某人。而靜心只會使你是個默默無名的人。

誰想是默默無名的人？

每個人都想沿著野心的階梯越爬越高。人們犧牲一生來成為某人。亞歷山大大帝來到印度。瘋狂驅使他的頭腦：征服全世界。每個人都有些瘋狂，但他是完全的瘋狂。當他經過希臘來到印度，某人對他說：「你曾多次問到一個神秘家，戴奧真尼斯，一個怪人。他就住在附近。如果你想見他，走幾分鐘就到了，就在河邊。」

戴奧真尼斯確實是個怪人。事實上，如果你是人，你一定會變成某種怪人，因為你將要成為某個獨特的。他赤裸的活著：他是其中一個最美的人。但他總是拿著一盞點燃的燈——從早到晚都一樣。甚至白天，大太陽底下，他一邊走在路上一邊拿著燈。人們嘲笑他，並問他：「你為什麼拿著這盞燈？浪費燈油又成了笑柄。」

戴奧真尼斯說：「我必須拿著它，因為我在尋找真實的、真正的人。我還沒遇到。我遇過很多人，但他們都戴著面具，他們都是偽君子。」

他有種幽默感。對我而言，這是一個真正有宗教性的人的其中一個最重要的特質。在他臨死前，旁邊仍然放著燈。某人問戴奧真尼斯：「你快死了。讓我們知道你在找的人。你的生命快結束了；你有找到過真實的人嗎？」

他幾乎在死亡邊緣，但他張開眼睛說：「不，我找不到。但我很高興，沒人偷了我的燈——因為到處都是小偷、罪犯和各種強盜，而我是赤裸的、沒任何保護措施的人。這使我有了很大的希望：我畢生都拿著這盞燈，但沒人偷它。這使我有很大的希望，人類有一天會生來就是我尋找的人；也許我太早來了。」然後他死了。

亞歷山大聽過很多關於他的故事並愛上他。他說：「我想要去看他。」那是一大早，太陽剛升起。戴奧真尼斯躺在河邊的沙地上享受著日光。亞歷山大感到有點尷尬，因為戴奧真尼斯沒穿衣服。他感到尷尬，因為這是首次有人在他出現後還繼續躺著——「也許這個人不知道我是誰。」

於是他說：「也許你不知道來見你的人是誰。」戴奧真尼斯笑了。

他有一隻狗。那是他唯一的夥伴。有人問他為什麼和一隻狗在一起，他說：「因為我找不到一個值得做朋友的人。」他看著坐在旁邊的狗說：「聽聽這個笨蛋說的話。他說我不知道他是誰。事實是他自己才不知道自己是誰。要如何處理這個笨蛋？你告訴我。」

令人震驚……但那是事實。亞歷山大仍嘗試交談。他不理會那個侮辱：「我是偉大的亞歷山大大帝。」

戴奧真尼斯說：「我的天。」他看著狗說：「你聽到了嗎？」——那是他的習慣，問那隻狗的意見——「你聽到了嗎？這個人認為他是世界上最偉大的人。那正是自卑感的證明。只有自卑的人會假裝是偉大的；他們越自卑就會假裝越偉大、重要、顯赫。」

但他對亞歷山大說：「你為什麼來找我？一個窮人，無名小卒，只有一盞燈，在世界上唯一的朋友是隻狗，赤裸的活著……你為什麼來這兒？」

亞歷山大說：「我聽過很多你的故事，現在我知道那些故事都是真的——你是人…奇怪的，但某方面而言，是非常美麗的。我正要征服世界，聽到你住在這兒。我抵不住來看你的誘惑。」

戴奧真尼斯說：「你看到了。現在不要浪費時間，因為生命短暫，而世界是巨大的——你可能還沒征服它就死了。你有想過嗎…如果你成功的征服這個世界，接下來要做什麼？——因為沒有別的世界了。你會看起來很愚蠢。我是否能問你為什麼自找麻煩要征服世界？你說我奇怪，一個在做日光浴的人。卻不認為自己征服世界很奇怪？為了什麼？當你征服了世界，你要做什麼？」

亞歷山大說：「說實話，我從未想過，征服了世界後，也許我會休息。」

戴奧真尼斯轉過去對狗說：「你聽到了嗎？這個人瘋了。他已經看到我在休息——完全沒征服過任何東西！而他要等到征服世界後才休息。」

亞歷山大感到羞愧。事實如此——如果你想放鬆和休息，你現在就可以放鬆和休息。何必延後到明天？你會無限期的延後。同時你要征服世界，彷彿征服世界是放鬆和休息的必要條件。

亞歷山大說：「我能了解…對你而言，我看起來很蠢。我能為你做任何事嗎？我愛上你了。我看過偉大的國王和將軍，但從未看過像你這樣勇敢的人，甚至沒動一下，甚至沒說早安，完全不在意我——相反的，持續對狗講話！我可以做任何事，因為全世界都在我掌握中。

你只要說出來，我會為你做到。」

戴奧真尼斯說：「是嗎？那只要做一件事：稍微站開點，因為你擋到太陽了。我在做日光浴，你連這點禮貌都不懂。」

亞歷山大一直記著他。一路上到了印度然後返回，這個人一直縈繞在他的心頭——他什麼都沒要求。如果他開口，他可以給他全世界，但他只要亞歷山大站開點，因為他擋到太陽了。

當他要離開前，戴奧真尼斯說：「只要記住兩件事，當做戴奧真尼斯給你的禮物：第一，沒人征服過世界。總是會有某個地方沒被征服——因為世界是多維度的；你無法用短暫的一生征服所有維度。所以每個想征服世界的人死時都是感到挫折的。」

「其次，你永遠無法回家。因為這就是野心如何讓你越來越遠離家的：「它持續對你說：只要再幾步，你就能實現你的野心了。」但人們持續追逐幻象，生命持續從他們手中流走。只要記住這是來自一個貧窮的無名小卒的兩件禮物。」

亞歷山大向他道謝——雖然他在寒冷的早晨流著汗。那個人是如此：即使是吹著涼風的寒冷早晨，他說的每句話仍使你汗顏，因為他會擊打你在隱藏的傷口。

亞歷山大從未征服世界。他無法征服印度、日本、中國、澳洲，還有不為人知的美國。他從旁遮普返回。年紀才三十三歲，但野心和持續的爭鬥使他精疲力盡，就像使用過的彈匣。才三十三歲，正值壯年，但在他內在的世界中，他已經很老了，準備死了。也許透過死亡才能讓他休息。

此外，戴奧真尼斯的影子一直跟著他：「你將無法征服世界。」他返回了，在抵達雅典——首都之前，只要再二十四小時……

有時候小事情會很有意義。只要再二十四小時，他就能回到首都，他的家——不是戴奧真尼斯說的真正的家，但至少是我們嘗試像是家的家。家在裡面。外面還有神殿。但他甚至無法進入神殿。他死在只要二十四小時就能抵達雅典的路上。

一個奇怪的巧合：亞歷山大死的那天，戴奧真尼斯也死了。在希臘神話中，如同其他神話……印度神話也一樣：進入另一個世界前，你得先經過一條河，生死界河。在希臘神話中，你也得經過一條河；那條河是這個世界和那個世界的邊界。

直到現在，我說的都是史實。但在亞歷山大大帝和戴奧真尼斯死後，這個故事傳遍全希臘。它是很有意義的。不是史實，但很接近事實。它不是真的。

這就是我如何區分事實和真相的：某件事可能是事實，但不是真的；某件事可能不是事實，但卻是真的。一個故事可能只是個神話——不是史實，但卻有很重要的意義，因為它指出了真理。

據說戴奧真尼斯在亞歷山大死後幾分鐘也死了。他們在過河時遇到——亞歷山大在前面，戴奧真尼斯在後面。亞歷山大聽到聲音而轉頭看。這甚至比之前的會面還要尷尬，因為上次亞歷山大不是赤裸的；但這次他是赤裸的。

但人們會試著合理化，隱藏自己的尷尬。所以他說：「哈囉，戴奧真尼斯，也許這是存在的歷史上首次有一個偉大的帝王和一個赤裸的乞丐一起過河。」

戴奧真尼斯說：「沒錯，但你沒搞清楚誰是帝王，誰是乞丐。帝王走在乞丐後面。你浪費了一生；但仍很固執！你的帝國在哪兒？我什麼都沒失去，因為我什麼都沒有，只有一盞燈。那也是我在路邊發現的——我不知道它是誰的——我後來也把它留在路邊。我赤裸的進入這個世界，也赤裸的離開這個世界。」

那就是為什麼卡比兒在他的一首歌中說——「我如此小心、覺知的使用這件生命的衣服，以致於將它歸還給神的時候，它仍跟我得到它的時候一樣。」

整個社會——你的父母、老師、領袖和教士——他們都要你成為某個特別的人，成為亞歷山大大帝。但如果你想靜心，他們會反對，因為靜心的意思是你不理會所有的野心。

我念大學時，院長很擔心我的考試，他說：「我在全世界十幾個國家教過書，有過無數的學生，但我從不在意他們的考試。我很困惑——我為什麼這麼在意你的考試？你必須答應我，你會準時到考場。」

我說：「這不是你的工作。你的工作是教我。我來決定是否要擔心考試。如果我能做到，我會抵達考場。」

他很懷疑。老人每天會站在車旁等，他停在旅館外，我的房間前面，載我去考場，看著我進去考場。然後他才會離開。

我說：「你太自找麻煩了。你住的地方離這兒有四哩遠。你還得早起，但你不是早起的人。」

他是個酒鬼。但生命是個奧秘。這兒的人不吃素、都是酒鬼和賭鬼，你會發現他們如此有愛心和人性，那是令人驚訝的。而另一方面，那些吃素的人⋯希特勒是素食者。他從未抽菸或喝過任何含酒精的飲料，他會早起——他是個聖人！如果你研究他的生活模式，會發現他是個和尚。但他殺了六百萬人。如果他是個酒鬼或葷食者會比較好——老菸槍，但是個好人。

這個老人，我的教授，那幾天都沒喝酒。他得早起並來接我，強迫我進考場。整個大學都知道；他們都在想：「這很奇怪！」我說：「那不奇怪。他愛我如同他的小孩，他要我成為某某人物。問題就在這兒：那樣的愛造成了麻煩。他怕我太不在意以致於無法成為世界上的某某人物。」

他會指示主考官：「當我離開後，看著他不要讓他離開——我無法在外面等三小時。看著他寫考卷，不要讓他做其他事。」

有時候我二小時就寫完考卷，但主考官仍不讓我離開。他會說：「你的教授會折磨我。你坐著，做任何你想做的。或者檢查你的答案；也許你可以再加些東西。」

我說：「這很奇怪。我寫完了，應該讓我走。其他人都能離開。」

他說：「其他人都可以，但他們沒有每天像囚犯一樣被帶到這兒！」

考試結束後，教授會問——「手上拿著試題——「你寫了什麼？」為了安慰他，我會說出我沒寫的——但他已經知道。我知道他已經知道是因為他是院長，他會先看過我的答案。在問我之前，他已經看過我寫的一切。但我用教科書的答案回答他，雖然我寫的答案是照我的意思寫。

但他不會說出來：「我已經看過」——那是違法的。所以他會說：「你知道；我也知道……」

我說：「能怎麼辦？你不該做任何違法的事，如果你被逮到，我會第一個向副校長報告。」

他說：「但你寫的答案不是這樣。你想要一生默默無名嗎？那令我難過。你有那個天賦和才能，你可以成為任何你想成為的。」

我說：「我不想用我的天賦和才能成為任何人。我只想放鬆在我自己裡面，做自己，默默無名的，因為我的決定會是有助於靜心的，不是頭腦。你說的一切都來自頭腦——我得使用頭腦，但你越常用頭腦，就越會被它帶著遠離自己。」

這就是為什麼人不是靜心的。

整個社會都在強迫他處於頭腦的狀態，而不是靜心的狀態。

只要想想一個人們都在靜心的世界。那會是單純的世界，但非常美麗的、寧靜的。沒有犯罪、法院和各種形式的政治。那會是個充滿愛的情誼、巨大的人類社區，完全對自己感到滿足和滿意。連亞歷山大大帝也無法給他們任何禮物。

如果你追逐著某個外在的東西，你就得屈就頭腦。如果你拋棄所有野心，更在意你內在的開花、更在意內在的汁液以致於它可以流動、流向別人、更在意愛、慈悲、平和……那人類才會是靜心的。

你問到我們要如何讓靜心變成一個重大的運動。不用擔心，因為這是頭腦的詭計。你會忘掉你的靜心，你會在意那個運動——如何讓它變得重大、遍布全球、讓更多人靜心。如果他們不要，就強迫他們靜心。這必須做到；歷史就是證明。

穆罕默德建立了一個稱為伊斯蘭教的宗教。伊斯蘭的意思是和平。他要全世界變成一個和平的地方。但人們不要和平——那就砍掉他們的頭，至少死人會是和平的。活人是個打擾，你不能倚賴活人——他也許這一刻是和平的，下一刻就會製造麻煩。穆罕默德的劍上刻了：和平是我的訊息。必須用劍尖強迫人們和平，那就是成為回教徒。回教徒就是和平的人。

不用擔心運動，因為你的頭腦如此狡猾、靠不住……

我聽說有個男人和女人相愛多年。一如往常，女人每天都坐在焦伯蒂海灘上問……還有誰會坐在那兒？她持續騷擾男人：「你何時才要娶我？我們都老了。」

男人說：「你看滿月。」它高掛在海洋上方。

女人說：「閉嘴！不要轉移話題。每當我問你，你就試著要改變話題。月亮會一直在那兒，我們稍後再討論。先回答我的問題。我們何時結婚？」

頭腦一直試著要改變話題。

每當你思考靜心，頭腦會改變話題，它改變的方式甚至會使你無法察覺到話題被改變了。頭腦會開始思考靜心的重大運動，轉變全世界，然後忘了靜心。因為哪有時間？——你正要進行一個偉大的革命，改變世界。

事實上，頭腦是如此狡猾以致於它會譴責那些靜心的人。它會說：「他們是自私的，只在意自己。但世界都快完了！人們需要和平，人們處於緊張中，活在地獄中，而你安靜的坐著靜心。那是非常自私的。」

頭腦是非常狡猾的。你必須很警覺。告訴頭腦：「不要改變話題。我得先靜心，因為我不能分享我沒有的。我不能跟人們分享靜心、愛和喜悅，因為我沒有。我是個乞丐，我只能假裝是個皇帝。」

但那個假裝無法持續太久。人們很快就會發現：「這個人是偽君子。他自己是緊張的、憂慮的、活在痛苦中，卻在談論創造一個天堂般的世界。」

所以你問題的第二部分，我要對你說：忘掉它。是你的頭腦試著改變話題。先結婚，和你自己結婚：先靜心，然後來自它的芬芳和光會來到。來自它的話語會是活生生的，具真實性的話語會來到。它們將能幫助別人，但這不是你的目標；而是副產品。

透過靜心使人們產生的改變會是副產品，不是目標。你成為自己的光，那會創造出人們驅策自己成為自己的光的渴望。你變成了榜樣，那個榜樣會帶來自行發生的運動。

奧修，在我們通往達成的路上，不會有「我們」，只會有「我」。是否有任何方式可以減輕這個痛苦？

這個問題是理智上的，不是存在性的。

你想到：「在我們的路上，我會是單獨的，無法和人們在一起，所以「我們」的可能性會是不存在的；只有「我」會單獨在那兒。這讓人害怕，納悶是否要走這樣的路。」但這是理智上的。不是因為你已經走過這樣的路才發現這個問題。你不會在路上遇到這個問題，因為我和我們都在一起。沒有我，我們就無法存在；那只是集合體的一部分。

一旦你走上那條路，首先，別人會離開，最後只剩下你和「我」。然後當「我」離開，只會剩下你；否則「我」還會在那兒。有兩者存在——你和「我」。當「我」也離開了，你就是單獨的。而單獨的美：那和「我」、「我們」無關。

它們都在一起。它們同時存在。很多「我」在一起變成了「我們」。那只是一個「我」的集合體。你有遇過一個「我們」嗎？雖然人們這樣說——例如一國的總統或總理會使用「我們」，而不是「我」，以便他的「我們」代表他管理的國家。但連使用「我們」的總理也只是個「我」，「我們」並不存在。那個「我們」只是個方便，語言上的方便。

當你走在那條路上，不是我們留下你，不是只有「我」在那兒；「我」和「我們」都在。我想到一個美麗的蘇菲故事。當曼蘇爾去找他的師父朱奈德，他的家人、朋友、甚至鄰居都來向他道別。他要去尋找真理。當他找到了朱奈德，他進入寺內；朱奈德單獨坐在清真寺裡面。他問：「先生，我能進來嗎？」

朱奈德看了他，然後看了這兒和那兒說：「先讓群眾離開！你居然問：『先生，我能進來嗎？』那為什麼這群人跟著你？」

曼蘇爾無法想像⋯他環顧四周，沒有人。

朱奈德說：「不用看四周，閉上眼睛！然後再看四周。你的朋友、家人、鄰居——他們都在。」

他閉上眼睛後很驚訝。與他道別的人⋯他還記得他們：他們的淚水、最後的問候，年長的人會給他最後的問候。他們都在，整群人都在。

朱奈德說：「和這群人滾出去！當你單獨了，那時才問：先生，我能進來嗎？」

花了七個月。曼蘇爾住在清真寺外面；師父住在裡面。數百個弟子來來往往，以為他是鞋匠或擦鞋的人，他們會把鞋子放在他面前。坐在那兒不做任何事⋯他心想：「這樣也不錯，」於是他開始擦他們的鞋。

七個月後的某晚，周遭都沒人，朱奈德出來說：「曼蘇爾，進來吧。」

但曼蘇爾說：「原諒我，先生。我現在無法說：『先生，我能進來嗎？』因為「我」已經不在了。我是完全單獨的。」

朱奈德說：「那就是我出來的原因。你這笨蛋！進來。我知道現在你很難提問，因為誰來問？群眾離開了，因為群眾而有的「我」——也離開了。現在那個可憐的傢伙在擦鞋⋯⋯」曼蘇爾來自一個很富有的皇室家族。

朱奈德說：「那就是我為什麼在半夜出來帶你進去。當你不存在，你才會被叫進來；當你不存在，整個存在都準備要接受你。」

你的問題是理智上的。避開理智上的問題。如果它們出現，先嘗試經驗它們，你會自己找到答案。

奧修，當我處於這個我稱為「瘋狂」的狀態，玩樂心、快樂和創造力同時出現在我裡面。是否可請你談談？

首先，你所謂的瘋狂才是真正的清醒。當你不處於那個你稱為瘋狂的狀態，你才是瘋狂的。

創造力被你稱為瘋狂，玩樂心被你稱為瘋狂，喜悅被你稱為瘋狂，那怎樣才是清醒？所以首先，拋棄「瘋狂」這個字。

只有創造者是清醒的。至於他們創造了什麼，那不重要。在印度，曾經有少數偉大神秘家的創造力甚至無法被認出來。

卡比兒一生都在織布。他是個織布工。他有數千個門徒，他們會告訴他：「你老了，你是在不必要的讓自己疲累。我們可以照顧你；你不用再織布、做衣服、到市場賣它們。」

但卡比兒總是說：「你們不了解。以為我只是個織布工。但我不是——那不是我的工作，而是我的愛。我做這些衣服是為了神。當我為祂做衣服，自然得是完美的。」

他把客人當成神。他對他們說：「你拿這塊布，但要很小心，蘭姆」——他對每個客人都稱呼蘭姆；意思是神——「我為了做它遇到很多麻煩。小心點，尊敬它。那不是我的工作，而是我的祈禱和膜拜。」

另一個偉大的神秘家，戈拉，是個陶匠，他一生都持續製作著美麗的陶壺。他有門徒——富有的門徒，甚至國王——他們會說：「這讓我們尷尬，我們的師父在製作陶壺，把它們用驢子載到市場上販賣。請停止這麼做。」

但戈拉會說：「很難：那是我創造力的一部分。沒人能製作這些陶壺，只有戈拉可以——因為其他人都是為了錢而製作，我注入了我所有的愛和全部的心。那對我而言是個靜心。」

第三個偉大的神秘家是萊達斯，一生持續製作著鞋子。特別在印度，製鞋被認為是其中一個最糟的工作。那是首陀羅的工作。他是首陀羅，但高種姓的婆羅門開始來找他。他是未受教育的，但他說的話才是真正的經典。每個人都嘗試說服他：「你停止製鞋。那不適合。你這種層次的神秘家卻在製鞋，那不太對」——但萊達斯拒絕了。

他說：「這是我唯一懂的。我是個可憐的鞋匠。那是我唯一可以用來服務存在的創造力的天賦。」

不要把創造力、玩樂心、喜悅和歡欣稱為「瘋狂」。這是你存在中最清醒的面向。讓你的一生變成清醒的、充滿歌聲的、開滿花朵的、充滿愛的。全世界也許會說你瘋狂，但拜託，你不該說它是瘋狂。讓世界說它是瘋狂——那無所謂——但我不會讓你說它是瘋狂。

這將會發生在每個靜心者身上。發生在你身上的，我想要它發生在每個人身上。創造某個東西。無論你在做什麼，帶著玩樂心的做，不是嚴肅的。無論你在哪兒，都處於慶祝的狀態。忘掉「生意」這類的字。讓你的生命只是個慶典。

對我而言，只有少數達到這個狀態的人可以說自己是有宗教性的——不是印度教徒、回教徒或基督教徒，而是有創造力的人——使存在更豐富和美麗。

不要沒為這個你來到的世界增添半點美麗就離開它。

奧修，當門鈴響了，我開門歡迎客人，在我消失前，我能瞥見到她嗎？

密勒日巴，你真令人不敢相信！

當他在英國玩吉他，雖然那兒沒有神，但我仍祈禱：「天佑女皇」——因為他是個淑女殺手。

看他的問題：他說「當門鈴響了，我開門歡迎客人，在我消失前，我能瞥見到她嗎！」只是舊習慣…事實上，門鈴永遠不會響。

我要說個故事。朱奈德，曼蘇爾的師父，年輕時是個求道者，常坐在清真寺前面對神祈禱：「還要多久？開門！」

有個女神秘家，拉比雅，剛好經過。她用棍子用力敲了朱奈德的頭。她是個老女人…朱奈德說：「拉比雅，打擾某人祈禱是不對的；妳是個知名的宗教聖人，卻打擾我的祈禱！」

她說：「我必須這樣。如果下次我聽到你再這樣祈禱——「要神開門」——那只有神能救你。我會更用力敲你！」

他說：「怎麼回事？我沒給任何人造成麻煩。」

她說：「那不是重點——因為門是開的，它們從未關上。只要起來走進去！」

密勒日巴，門鈴從未響過。門鈴是現代的產物，不會有任何經典提到過，不可能。門一直是開的。一旦那個最終的，來到了，你無法瞥見到它——無論你稱為他或她都不重要。當它來到，你會消失。那個發生是同步的，沒有間隔。並不是它來到然後你說：「謝謝，先生。請坐；你要喝什麼——可樂、芬達、七喜？」不會有時間，甚至無法說謝謝。一旦它來臨，你就消失了。它只會來到你曾經存在的空間、只會出現在你的無物中。

沒人見過它，因為要見到它，你得消失，你無法見證它。你可以成為它，但你無法見到它。我們把那些成為它的人稱為神秘家；他們不是見到神的人，他們成了神。那不是某個可以讓他們見到的客體。那就是他們的主體，他們的存在。

第七章
寧靜是沒有話語的歌

奧修，昨晚我在看「米爾達之書」。它是如此美麗和強大以致於我持續看了數小時。然後我突然感覺呼吸改變了，我發現自己快哭了，我不知道那是悲傷、沮喪、喜樂，還是三者都有。我嘗試透過繼續閱讀來找出原因，但我了解我的頭腦並沒真的了解它們。但頭腦無法了解的文字怎麼可能會讓一個人有這麼深的感動？

世界上有無數的書，但在存在中，米爾達之書遠遠的勝過它們。

不幸的，只有很少人知道它，因為它不是宗教經典。它是寓言、虛構的，但含有廣闊無垠的真理。

它是一本很薄的書，使這本書誕生的人……注意我說的，我不是說「寫下這本書的人」。沒人寫下這本書。我是說使這本書誕生的人——他是默默無名的。因為他不是小說家，他沒再寫過任何書；只是那本書就包含了他所有的經驗。

那人的名字是米哈伊爾努埃曼。

那是本不凡的書，你可以讀了它但完全錯過它。因為那本書的意義不是字面上的，它的意義在於文字間、句子間、間隔中的寧靜。

如果你處於靜心的狀態——如果你不只是當成看小說，而是當成和一個偉大的人類的宗教經驗相遇，並吸收它；不是理智上的了解，而是存在性的飲用它——文字在那兒，但它們變成次要的。某個東西變成主要的：那些文字創造的寧靜、那些文字創造的音樂。那些文字影響了你的頭腦，那個音樂直接進入你的心。

那是一本要用心讀的書，不是頭腦。那不是一本要被了解的書，而是要被經驗的。它是某個超凡的。

無數人嘗試寫書以便表達出那個無法表達的，但他們失敗了。我只知道一本書是沒失敗的，米爾達之書；如果你無法得到它的精華，那會是你的失敗，不是它的。

他創造了一個文字、寓言和場合的完美設計。如果你允許它，這本書會變成有生命的，某個東西會開始發生在你的存在中。因為你從未進入過這樣的狀態，所以你自然會困惑——悲傷？喜樂？淚水流下，但也許是因為極大的喜悅。

你進入了一個你以前從未進入的狀態，所以你自然無法把它分類。你無法根據過去的經驗為它貼上標籤。但名字不會有任何意義。重要的是你走了超越自己的一步。你從未處於這樣的空間；你進入了某個未知的，它是如此陌生以致於你甚至無法命名它。

只要了解：它也許看起來像悲傷⋯因為你的生命首次覺知到一直到現在，你從未活過。生命在今天發生了。

它帶來了偌大的悲傷⋯你是活著的——但知道這個新的經驗使你意識到你的一生是如此平庸和無意義，最好還是說你的一生是死氣沉沉的，而不是活生生的。悲傷的產生：「我為什麼從未進入這個空間？」它是如此接近——只要越過你的舊頭腦一步，然後整個天空和它的星辰就會是隨手可得的。你被幽禁在如此小的監獄——沒人囚禁你。你是囚犯，你被囚禁了。你是獄卒，卻被監禁了。自然的⋯回顧過去，悲從中來。

但看著當下⋯一個極大的喜樂，一個超越了解的平靜，一個不只是和聲音相對立的寧靜⋯而是一個不存在聲音的寧靜，不是聲音的對立方。而是一段沒有樂器的音樂，一首沒有話語的歌⋯

你首次感受到：「直到現在，我一直靠頭腦生活；只有這一刻，我的心門才開啟了。」

有一個古老的中國故事。因為這個故事才出現了一個諺語——當樂師是完美的，他會燒掉樂器；它們不只變成無意義的，還是一個麻煩，因為它們只會創造出噪音。只有在噪音之間才有些片刻是屬於音樂的——所以何不去擁有全部？

當射手變成完美的師父，他拋棄了弓和箭，忘了關於它們的一切。一個奇怪的諺語——因為我們一般認為當我們達到完美的，工具也和我們達到一個完美的狀態；它們的效用也變成完美的。

這個諺語來自一個故事：有個人變成一個偉大的射手，他很有自信，認為自己達到了完美。他從未錯過任何靶心。他可以毫無失誤的射殺任何飛鳥。他覲見皇帝並對他說：「是時候了，你該宣告我是帝國中最偉大的、大師級的射手。我準備接受任何挑戰。如果有人懷疑，我準備一較高下。」

皇帝認識他，知道他不是吹噓，那是事實。但皇帝的老僕人說：「在你說任何話之前，先等一下，我有些話要說。」他年紀很大，服侍過皇帝的祖父和父親，除了皇帝，他可能也會服侍第四代。

皇帝很尊敬他，便說：「如果你想說任何話，就說吧。」

老僕人說：「這個人還對箭術一無所知。他可以射殺動物和鳥兒；從未失誤。那沒問題，但那還不算是完美和精湛。我認識一個完美的箭師。他住在山上，因為他三十年前變成了一個完美的箭師，所以他已經完全忘掉箭術的一切。因為達到了完美後，還有什麼記得它的必要？」

那個射手很驚訝：「這是什麼樣的箭術？居然忘了箭術的一切？三十年沒練習——如果我一天沒練習，隔天就會出錯。如果是兩天，評論家就會看到那些錯誤，如果是三天，任何人都會看到那些錯誤。而他是三十年！」

老人說：「除非你去森林見他：如果他認為沒有一較高下的必要——我會請皇帝宣告你是整個帝國的冠軍。」

射手只得上山尋找。在一個很高的山峰上，一個小山洞裡面，他找到那個老人。射手帶著弓和箭。老人看著他的弓和箭說：「我以前看過這些東西，我記得。你怎麼稱呼它們？」

射手說：「你是偉大的箭師？連弓箭都不知道！」

老人說：「它們是弓和箭…它們的功能是什麼？你要用它們做什麼？」

射手說：「出來，我會讓你知道。」然後他用一隻箭射殺了一隻遠方的飛鳥——只用一隻箭，而那隻飛鳥就落地了。

老人說：「你把這稱為箭術？我記得，我年輕時也把這稱為箭術。現在跟我來。」

老人一定有一百二十歲左右，不會少於那個年紀——非常虛弱。他帶了年輕的射手去懸崖邊，旁邊是數千呎深的山谷。

射手停了下來。他說：「我不能走到懸崖邊！只要一個不小心就完了！」

但老人走到邊緣——他的腳有一半懸空。他只用一半的腳站在邊緣，他說：「來吧——你是偉大的射手；你應該知道如何平衡，因為箭術的秘密在於平衡。如果你抖得這麼厲害，你的箭術就無法是完美的，因為你的箭會經過你的手。而你在發抖。來吧！你還很年輕，也可以看出我很老了，一百二十歲了。」

那人嘗試了，一呎、兩呎…然後倒在地上。他說：「我從沒這麼怕死過。我做不到。」

老人退回來說：「如果你做不到，就忘掉箭術的一切。直到你能做到，你會丟掉弓和箭，現在看…」遠方有七隻飛鳥。老人只是看了牠們，然後牠們就都掉到地上。

他說：「當你的內在不再發抖，只是你的雙眼就夠了；不需要箭。所以回去吧，你還很外行。當時間到了，我會來，我會持續觀察你。城裡有我的人，是我的一個手下讓你來的。他是我其中的一個弟子，我會讓一些手下持續觀察你。我死後，如果你成了一個完美的射手，我會要他們通知皇帝。」

年輕人非常絕望。他是外行的；他以為自己是一流的大師。

五年後……老人說：「學習內在的平衡。」我把那稱為靜心；那只是不同地方的不同名字。「內在的平衡」的意思是你的內在中心是如此平衡以致於沒有任何抖動。你處於如此寧靜、毫無移動的空間，彷彿你不存在。

五年後，有個人去拜訪射手。當他進入屋內時，看到一把大弓掛在牆上。客人問：「那是什麼？」

射手說：「我以前記得那是什麼，但不幸的，我遇到一個老人……我現在完全忘掉那是什麼了。」

客人說：「我聽說你是個射手。」

那人說：「忘掉那一切吧。當一個人年輕時，他會有各種愚蠢的想法。我也有我的愚蠢，但因為那個山上老人的慈悲，我活下來了，繼續過日子。」

那天，皇帝把他找來，宣告他是帝國中最好的射手。

「但是，」他說：「我對箭術一無所知。你在做什麼？」

皇帝說：「我沒做什麼。這是你師父的意思。你以前還無法是最好的射手。但老人離開身體了，他的訊息是：當我還活著，他無法是最好的射手。那個可憐的傢伙如此想要成為最好的，但如果我還活著就不可能。我從未進城比賽過；這樣的想法是幼稚的。除非我的死亡……那是值得的，會讓他快樂。」現在老人死了。根據那個訊息，你被宣告是最好的射手。」

皇帝說：「我很好奇，想知道你的眼睛能像箭一樣射多遠？」那人看向天空。九隻鳥——一整群——都掉到地上。

皇帝說：「老人從沒出錯過。」

這就是箭術。

當樂師完全忘掉他的樂器；寧靜會是他的音樂。

自古以來，米爾達之書一直是其中一個最偉大的設計。不要像讀其它書一樣的讀它。不要像在讀聖經或薄伽梵歌。把它當成美麗的詩一樣的讀，把它當成紙上的音樂。把它當成一個靜心大師的訊息來讀。

那些文字是密碼。

不要從字典尋找它們的意義。

它們的意義是擊中你心裡面的某個東西。

所以讀它會使你感到呼吸改變了。必須很小心的了解：你的呼吸會隨著你的情緒改變。當你是憤怒的，去觀察：你會有不同的呼吸，沒有節奏的、混亂的。當你處於愛裡面，只是握著愛人的手，你的呼吸就會不同——平和的、寧靜的、音樂般的、和諧的。這些只是小地方；我會給你一個例子以便了解。

當你和師父坐在一起，呼吸會變得很和諧以致於有時候你甚至以為它停止了。會有些片刻讓你突然意識到——「我停止呼吸了嗎？」因為那是如此寧靜以致於你甚至感覺不到呼吸。

南印度有一個很重要的人，梵攸集，但是他迷失自己了。他可以把呼吸調整到非常和諧的狀態以致於醫生宣告他死了。因為如果沒有呼吸……而且不只是兩、三分鐘；他可以維持十分鐘。醫學有其限制。十分鐘沒有呼吸……

在牛津大學、劍橋大學、加爾各答大學、仰光大學；他走遍全世界。他完全忘掉一生的使命，亦即靜心是為了達成內在的自己。那就是人們如何迷失的——他變成一個表演者、做秀的。他賺了很多錢，變成世界聞名的，使各地的醫生感到震驚。在世界各地重要的醫學院，他們用精密的儀器檢查他，最後只能宣告他死了，但十分鐘後，他會開始呼吸。

他並不是在那十分鐘沒呼吸；他有呼吸，但是非常緩慢以致於超過了儀器的能力，無法探測到。

這也發生在你閱讀米爾達之書的時候，你感覺呼吸改變了。那是美麗的。因為你的呼吸改變了，所以你無法確定。你是悲傷、寧靜、喜樂或狂喜？無法決定，因為這個現象是初次發生，以致於你無法歸類它。

但我要告訴你：你是悲傷的，因為你浪費了一生——這個空間如此接近；你快要進入它了，它將要讓你隨手可得。你是悲傷的，就像發現自己應該是帝王的乞丐，某個地方出錯了，他是悲傷的；乞丐坐在王位上，而帝王卻在路邊乞討。那些年的乞討⋯憂愁和悲傷。

你也感受到寧靜，因為米爾達之書是被一個知道人類意識的內在運作的人創造的。他不是作家；因此沒人會考慮是否要給他諾貝爾獎。他還活著，他是這個時代的人。他的書沒有被翻譯成很多語言，因為那本書是獨一無二的——它不是書，而是個設計。它不是用來讀的，而是用來創造一個圍繞著你的某種氛圍。如果你準備好了、有接受性的、任它取用的，那個氛圍會被創造出來，將會有偌大的寧靜。而寧靜一直是喜樂的。

所以你很困惑：因為過去，所以產生了悲傷；因為現在，所以產生了寧靜——而寧靜總會帶來喜樂的花朵。

你以為一定是文字裡面的某個東西，所以再次閱讀它們。但你找不到；那些文字裡面沒有任何東西，它們是一般的文字。這個經驗是如何發生的？

它的發生是因為你走在尋找真理的路上。

你是神祕學校的一部分。

你是個求道者。

如果你沒走在這條路上，這個現象就不會發生。它發生是因為你已經準備接受這個發生，而米爾達之書只是觸發那個準備要發生的。即使沒有米爾達之書，它也會發生，也許晚點。

走在尋找真理的路上的人會發現他的一生⋯聆聽著音樂有時候會發生。樂師也許是一般人；他也許不知道任何和寧靜或喜樂相關的，但他的音樂能觸發你裡面的某個東西。或者只是看到日落就會觸發；但日落不知道你的存在。也可能被玫瑰花的芬芳觸發。

記住一點：雖然米爾達之書讓你進入了內在的一個新空間，但不要叫別人也去讀它——因為他們會認為那是虛構的、美麗的。他們甚至可能會摧毀你那個不知不覺的狀況下創造出來的連結。所以不要告訴別人：「去讀米爾達之書，它帶來如此美的經驗。」但它可能不會帶給他們任何東西。

其次，它帶給你如此美的經驗，不要為了再次得到那個經驗而一再的讀它。因為你第一次並未期待任何東西；下次你是充滿期待的。你會一直等待它發生——但它不會發生。偶爾一次是可能的，但基本條件是沒有任何期待。

我還要告訴你，因為它已經因為米爾達之書而發生，所以它可以透過很多情況發生。你準備好了，只是需要推一把。讓自己對那些情況是有接受性的，以便推你一把是可能的，但不要有任何期待。只要享受：一支美麗的舞、一段美麗的音樂、一幅美麗的畫；只是坐在海邊享受海浪的音樂，不斷的演奏著，或者看著月亮——任何事都可能有幫助，但不要期待。

如果你不期待，米爾達之書可以有很大的幫助，而且它是本值得讀無數次的書。你無法只看一次就了解它廣闊無垠的意義，因為每一頁、每一章、每一段、每個轉折，都有個可能性——因為那個寫下它的人⋯⋯

我知道他。他是本世紀其中一個最偉大的人。不為世界所知，只靠這本書就使他成為不只本世紀而是自古到今的最偉大的作家。

我自己沒拿到那本書過：因為它是本世紀初出版的，後來就沒再出版了，它從未成為暢銷書。圖書館也找不到，因為它在全世界最多只有印刷三千本書，我是因為某個奇怪的方式知道它。

我還是學生的時候會在周日去逛賣贓物的市場。我對其它東西沒興趣，除了贓物。我在那兒買到米爾達之書。某人的圖書館：全部三百本書，都是美麗的書。賣家只要一百盧比，所以我立刻付給他。

那人說：「記住：那些是偷來的書，如果警察發現，我會提供你的名字，因為這些書屬於一個知名的人。」他是個退休的文學院教授。

我說：「不用擔心。」

後來警察來找我，他們說：「這樣不好。你已經知道那是偷來的書，但還是買了它們。」

我說：「我不後悔，而且我不想和你們對話。我要見書的主人。」

他們說：「要做什麼？」

我說：「我可以很容易就跟他和解。他是年邁的退休教授。只要帶我去見他」——於是他們帶我去見他。

我關上門對那教授說：「你已經這麼老了，要那些書做什麼？你很快就死了，而且你為那些書找到正確的主人。」

他說：「你真奇怪！你買下我被偷走的書，還要我相信你做的是對的？」

我說：「沒錯，我說我做的是正確的。你讀過它們了。你無法再讀了；你的眼睛已經無法看了。如果你想要放三百本書在你的書櫃裡，我可以給你五百本、六百本。但不要要求這三百本書，特別是米爾達之書。那本我無法還你，不管是不是偷來的。」

老人看著我，他說：「你喜歡米爾達之書？」

我說：「我不只是喜歡它——我讀過無數本書；沒有一本可以和它相比。」

他還給我五十盧比。他說：「你浪費五十盧比了——你是學生；沒有很多錢，我知道你。你留著那些書。我同意你說的，那些書找到正確的人了，偷走他們的人需要被獎勵。我快死了，你是對的，我不知道那些書要給誰。」

「我愛那些書，珍惜它們。我一生都在收集最好的書。當你說到米爾達之書，交易就完成了。你只要把這五十盧比拿走，每當你需要更多書——因為我沒任何親友；沒有妻兒，有足夠的退休金，而且我沒什麼支出——歡迎你隨時來找我。如果你沒錢買書，來找我。」

「你對米爾達之書的愛使你成了我的家人。我一生都愛著它，我試過許多朋友，但沒人了解它。而你準備要為偷來的書對抗，你準備為偷來的書上法院。不需要。我一直在尋找你。」

「奇怪，」他說：「米爾達之書自己找到你。」

那就是我如何得到米爾達之書的。家家戶戶都應該要有一本，它是如此珍貴。

它觸碰到你的心。

不要有期待，它會對你在這條路上有很大的幫助。

奧修，現今似乎越來越流行沒有成道的成道，特別是那些治療師。我也得到了這種病，現在它痊癒了。我要說宣稱成道但卻沒達到它是最大的背叛；以奠基在這種虛假的權威來影響別人是最大的罪。請評論。

古那卡，你是百分之百正確的。

在回答你的問題前，我要向這兒的人介紹你。他們可能不了解你，不了解你就很難了解這個問題的背景。

古那卡是我其中一個最喜愛的桑雅士。他非常有天賦：鋒銳的智慧，真誠的尋找真理。他在很多年前來到我這兒，雖然經歷過很多大風大浪，但仍和我在一起。

最大的問題在於他是個德國人，自然的，德國人認為成為師父比較容易，而非弟子。所以當他和我一起在印度，他的智慧足以讓他了解他不是師父，所以他像弟子一樣的工作著。但每當他回到德國，問題來了：他會說自己成道了。

成道沒有外在的標準，所以他會找幾個德國人支持他是成道的師父。一旦他開始這樣的旅程，他不會靜靜的坐著——對德國人而言很難——他必須做些事。現在他成道了，他開始要讓全世界成道：寫信給總理、總統、各國大使、聯合國組織，說服他們除了成道之外沒別的出路。

當他聲名遠播，我傳訊給他：「回來印度，你已經做得夠多了。稍微休息會好點。」回到印度，他的成道會消失。坐在我面前，他只得再變回弟子。他感覺很奇怪，因為這發生了一次、兩次、三次⋯⋯

他說：「奇怪。我們以為奧修是幫人們成道。我在德國時是成道的，每當我回到奧修身旁，我的成道會結束——回到原點！」所以他幾乎有六年不再回來。

誰想失去成道？你為了成道來找我，可憐的古那卡只得回來，失去他的成道。

但虛假的只會是虛假的，想像力只會是想像力。

你可以吹噓、欺騙、變成騙子，但你的內心深處知道自己在做什麼。

最後他在德國了解了，一旦一個人成道，他無法再失去它；不可能，歷史上沒發生過——除了古那卡。沒有前例。而他是聰明勇敢的；他停止這麼做了。

最後一次，我在觀察會發生什麼事，詢問了事情的發展，詢問他的成道到了什麼樣的程度。最後一次，我問了一個住在美國的德國桑雅士；他說：「奇怪的現象發生了。我遇到古那卡。我沒想到⋯⋯」因為他有一個坐落在萊茵河旁的城堡，風景怡人。非常適合一個成道者，門徒們會去那個城堡⋯⋯

德國桑雅士說：「我在一個桑雅士社區的餐廳裡遇到他。當他成道時，沒有像一般人一樣住在一般的地方。但現在他不只出現在餐廳，還在洗盤子和服務客人；他在那兒工作！」

那個德國桑雅士問他：「古那卡，你的成道呢？」

他說：「我沒有成道，我只是洗盤子的工人。」

當我知道後，為他感到很高興，因為成為一個洗盤子的工人會好過成為一個夢裡面的佛陀。

這次他回來，不是以一個成道者的身分回來。這次是美麗的：他只是以本來的他回來——敞開的、有接受性的、準備好的。在過去的日子，他回來會是緊繃的。一定會這樣，因為他在害怕——他會來找我，我會對他說：「古那卡，坐下。你還沒成道。等待！」他是緊繃的、緊張的、害怕的。但他也無法待在德國，因為內在的渴望還在，還沒被滿足。虛假的成道不會有幫助。所以他只得回來，但緊張的。

這次他回來是放鬆的，沒有東西可失去的。他是個平凡人。

而成為平凡是成為某個非常美麗的。那表示放鬆的、不緊張的、準備成長的。

這就是這個問題的背景。

他說：「我離開了這個虛假的成道的疾病，假裝成道和教導人們。」現在他了解到這種人會造成什麼傷害——因為我不在那兒。

整個桑雅士運動在歐洲有最多的桑雅士，特別是德國。所以德國政府是最怕我的。

我從未申請任何簽證。但德國國會仍然決定，為了因應我可能會申請簽證，所以不能讓我入境德國。他們害怕的就是我在德國的桑雅士人數是最多的，而且不只是一般民眾，而是知識份子。古那卡是法律專家，某人是科學家，某人是畫家或藝術家，某人是數學家——德國人有非常好的特質——奇怪的是他們都深受桑雅士所吸引。

德國政府害怕如果我到了德國，還沒成為桑雅士的人——年輕的一代、年輕的知識份子——一定會成為桑雅士。

每個政府都害怕任何會創造出個體、創造出自由、愛、寧靜、平靜和歡樂的運動。所以這對一些人是個好機會——我有告訴兩、三個已經成道的人——他們知道我無法去德國。印度政府被美國政府施壓，不能有桑雅士和我接觸。所以對這些人而言是個好機會：他們成道了，可以蒐集跟隨者。

古那卡是對的，沒有成道卻聲稱自己成道是其中一個最大的罪——因為這是你對人類所能做的最大的欺騙。它是最醜陋的。你可以當個騙子，騙人們的錢、財物、房子、妻子或丈夫，任何東西；那沒太大重要性。但就成道而言，那是在欺騙你的意識、你的存在。那是在施加某種暴力，無形的，但卻是所能犯下的最糟糕的罪。

那些治療師會回來，因為他們很快就會了解到他們不只是危害別人，也是在危害自己的成長。如果你沒成道卻宣稱自己成道，你將會停止往成道前進。你已經成道了；有什麼需要？各種騙子或小偷都可以被原諒，但玩弄你的意識和存在的人無法被原諒。

某人拿走你的錢：也許他不是傷害你，也許他卸下了你的負擔。也許從今天起，他會不斷有罪惡感。而且他能拿錢做什麼？

我聽說：有個貧窮的裁縫師習慣每個月買一張彩券。他持續了三十年；幾乎變成例行公事。剛開始他希望某天會中獎。漸漸的，他完全忘掉中獎和買彩券的關係。

但舊習慣很難改。所以他持續購買彩券，有一天，突然有輛勞斯萊斯轎車出現，停在他的店鋪前。有人出現，拿著裝滿錢的大袋子。他說：「怎麼回事？發生什麼事？」

他們說：「你中獎了！是你的號碼。」

他無法相信。但他很快樂，終於…他贏了一百萬盧比，現在不需要再當個貧窮的裁縫師了。

他關了店鋪，把鑰匙丟到井裡——因為還有什麼需要？他不會再營業了。一百萬可以活十輩子！

但甚至不夠用兩年，因為你要做什麼？——他開始喝酒、賭博和嫖妓。他是個健康的人；兩年內花光了所有錢，失去了健康，然後他拜託人們幫他找回鑰匙。

他們說：「你是笨蛋。為什麼把鑰匙丟掉？」

他說：「我以為一百萬就夠用了。我自己一個人，沒有家累。我是如此窮以致於從未結婚。但我的天，這一百萬使我活在地獄——從這個妓女到另一個妓女，發現自己每天早上躺在水溝裡，完全喝醉的，宿醉和頭痛…我一生從未頭痛過；這兩年像活在地獄。如果我再遇到那些從勞斯萊斯走出來的人，我會殺了他們。」

「但是，」人們說：「那不是他們的錯！彩券是你買的。」某個年輕人跳到井裡，試著找到那把鑰匙，終於找到了。人們籌了一些錢讓他看醫生；他真的是受了很大的苦。

但他繼續買彩券！舊習慣很難改。而他持續譴責彩券：「我不想中獎。」

「那你為什麼要持續買彩券？」

他說：「如果我不買，似乎少了什麼東西——我睡不好，無法好好工作。那已經是例行的事務。你可以想像，三十年⋯但你可以確信這不會再發生了。三十年只發生一次。再另一個三十年，我就死了，不會再發生了。」

但它又發生了。隔年，同樣黑色的勞斯萊斯停在他的房子前面。他說：「我的天，你為什麼和我作對？我得再受苦嗎？」

街坊鄰居都來看他。他們說：「如果你不想受苦，你可以拒絕拿錢，可以捐出來。」

他說：「絕不！那是我掙得的。」

他鎖了店鋪的門說：「現在我真的要扔掉鑰匙。再也不需要了，因為我無法再活兩年。我的健康無法⋯那些場合和夢魘。」但他持續做同樣的事。

兩年後，他完全支離破碎了。再次回到店鋪前！他請求鄰居：「請找到我的鑰匙，我答應你們不會再接受這些要謀殺我的笨蛋的錢。」

他們說：「不會再接受？這表示你會再買彩券？」

他說：「就彩券而言，我無法停止。」

人們陷在某種習慣中。

古那卡，你不透過我而自行離開它是好的。你在德國待了六、七年而不來找我是好的。你有了很大的了解——想像力不會有幫助，任何對內在的達成所做的虛假宣稱就是犯了世界上最大的罪。

那些這麼做的人會了解；幫他們了解。去找他們，告訴他們你已經經歷過那種病：「不要再買彩券。你很清楚自己並沒成道。」告訴他們：「如果你成道了，去找奧修。如果你有膽子，去找他。如果你的成道在他面前仍然存在，那你可以確定你成道了。但如果它消失了，只有在德國才會恢復，那它沒任何價值。」

德國製的成道是沒有用的！

奧修，有個老隱士住在山上，人們問他為什麼住在那兒？住多久了？他說：「很久以前，有兩頭牛在海邊搏鬥。牠們不斷的攻擊對方，最後消失在海裡。從那天開始到現在，我什麼都想不起來。」

我非常喜愛這個老隱士用這樣生動的畫面來形容頭腦的二分性，隨著它的消失而有了成

道。是否可以請你評論？

沒什麼好評論的；這個故事是如此單純、美麗和明顯。

你的頭腦是個二分性。因為它持續的爭鬥使你無法知道你的一。當爭鬥消失，你就回家了。那時誰還會在乎過了多少日子、多少年、多少世——那些關注都是屬於頭腦的。

你內在的存在是沒有日曆的。

它的存在是永恆的；它就是永恆。

當你看到美麗的故事，當你可以自己了解，就不要提問。你應該提出你不知道答案的問題。你應該提出那些折磨你、無法解決的問題。

任何我對這個故事所評論的一切都只是闡述，那無法使你有任何洞見。這個故事本身已經是完整的。

奧修，什麼是聖火？

我就是！

第八章 神秘家的共謀

奧修，我上周得知自己得了癌症，從那時起，除了少數痛苦和恐懼的片刻，我感到深深的安定和放鬆來到我的存在中。是否我已經放棄了自己的生命？或者這是因為接受而有的平靜？

從我們出生的那一刻，我們就放棄了自己的生命，因為生命只是死亡的開始。每過一刻，你就更接近死亡。

死亡不是在某一天，不是七十歲的時候才來到；它不是一個事件，而是以出生起始的一個過程。它需要七十年；它也許是緩慢的，但卻是個過程，不是事件。我要強調這個事實以便你清楚的知道生命和死亡不是兩件事。如果死亡是一個會結束生命的事件，它們才是兩件事。那樣它們會是對抗的、敵對的。

當我說死亡是以出生為開始的過程，我是說生命也是以同樣的出生為開始的過程——它們不是兩個過程。而是同一個過程；以出生開始，以死亡結束。

但生和死就像鳥兒的雙翼，或兩隻手、或兩隻腳。連你的頭腦也有兩個半球，分開的，右半球和左半球。你無法不透過這個辯證的模式而生存。

生命是辯證的——如果你能了解，對死亡的坦然接受會自然發生。它不是反對你的，而是你的一部分；你不能沒有它而存活。

就像你用粉筆在黑板上書寫：黑板不是對立於粉筆的；它只是用來突顯和強調。沒有黑板，粉筆的字跡會消失。就像白天和黑夜——你在每個地方看到它，但你持續像盲人一樣的行為。沒有夜晚就沒有白天。

你越深入辯證：那是個神奇的經驗。沒有無為，就不會有行為；如果你無法放鬆，你就無法行動。你越放鬆，你的行為就越完美。它們表面上是對立的；但其實不是。你在晚上越融入睡眠，你早上醒來就越有朝氣。你會在生命的任何情況中發現同樣的辯證過程。

禪宗的神秘家有個公案：他們要弟子對單手的拍掌聲靜心。那是荒謬的，單手的拍掌聲並不存在。和什麼拍？要拍掌，兩隻手是需要的，表面上彼此對立的，但實際上則創造出拍掌聲；透過它們一致的作用，不是互相對立，也不是彼此矛盾，而是互補的。

靜心是讓你可以覺察到生命中無法找到任何例子可以支持單手的拍掌聲。整個存在都是雙手的拍掌聲：男人和女人、白天和夜晚、生和死、愛和恨。當弟子深入靜心：漸漸的，他覺察到無法在存在中找到任何例子。

但師父不斷問——「你找到了嗎？你有聽到單手的拍掌聲嗎？」

他們的腦中有很多想法：流水聲，也許是它。然後跑去對師父說：「我知道了：是流水聲。」

但師父會用棍子敲他們：「你這笨蛋！那不是單手的拍掌聲。它是二分性的；去觀察。那些水中的石頭，它們創造出聲音；那不是任何一方就能創造的，一直是透過兩者產生的。」事實上，不可能有單一方就能創造的聲音。無數次的挫折，弟子的答案都被否定了。他了解到聲音需要兩者才能產生。

寧靜是屬於單一方的；只有寧靜會是答案。

那不是拍掌聲。但透過這些過程得到的寧靜：然後他去找師父，師父問：「你找到了嗎？」

弟子向他頂禮，流下喜悅的淚水。他甚至無法說：「是的，我找到了。」那會是不正確的。他沒找到寧靜；相反的，他消失在寧靜中。那不是找到，而是消失。

他不再存在。只有寧靜存在。

還能有誰在那兒說：「我找到答案了」？——因此會有喜悅的淚水，感激的用頭觸碰師父的腳。

師父說：「我了解，不用擔心你無法說出來。沒人可以說出來。」

「那就是為什麼你之前帶著答案來我這兒，甚至在你還沒說話前，我就用棍子敲你的頭說：「你這笨蛋！回去！」而你很困惑，你甚至還沒說出答案就被否定了。」

「你現在可以了解：問題不在於這個答案或那個答案。所有的答案都是錯的。只有寧靜——那是存在性的，不是理智上的答案——才是對的。」

你是幸運的，知道自己會在七天內死掉，知道自己得了癌症。每個人都得了癌症，只是很緩慢的！

你是快速的！像美國人！

大部分的人是印度人；即使死亡也需要時間。他們總是遲到，錯過火車。

我說你是被祝福的——因為每個人都會死，但不知何時何地，人們持續活在幻象中，以為自己會永遠活著。他們看到死去的總是別人。這在邏輯上支持了他們的論點：「死的會是別人。我永遠不會死。」

你一定看過很多人死去，那給你很大的支持、合理化，死的總會是別人。所以當你死了，你不會知道，你會是無意識的——你會錯過知道死亡的機會。

那些知道死亡的人都同意死亡是生命中最大的高潮。

但人們持續無意識的死去，所以有些病可以預測死期是好的。癌症的意思是你在七天前知道——或七個月，無論何時——死亡會越來越接近。其它人甚至沒有這七天。癌症似乎必須是你前世掙得的——因為克理虛納穆提、拉瑪馬赫西、拉瑪克理虛納都死於癌症。奇怪⋯這三個成道者，不是虛構的人物，活在現代的人，都死於癌症。

它似乎是某個神聖的！

它確實有其神聖的層面⋯⋯

我不是說那些死於癌症的人都是成道者，但他們可以比其它人更容易成道，因為其他人一直活在幻象中；不急不忙的。靜心可以被延後——明天或後天。急什麼？——今天還有更緊急的事要做。

靜心永遠不會是緊急的，因為死亡從來就不是緊急的。

對於知道癌症將會在七天內帶走他的人，生命中的一切都會是無意義的。所有緊急的事都消失了。他想要美麗的宮殿、想要參加下個選舉、擔心第三次世界大戰；那些想法消失了，他不再擔心它們了。之後發生的事已經不重要了——他只剩下七天可活。

如果他在這七天內稍微警覺些，他可以活七十年、七百年或永恆——因為現在靜心和愛變成優先的⋯⋯跳舞、歡欣、感受美，這些在以前都不是優先的。

在這七天，滿月的夜晚會是優先考慮的，他不會再看到滿月了。這是最後一次看到滿月。

他活了很多年。月亮出現又消失，他從未在意過它；但現在他必須認真看待它。這是最後一次看到滿月，去愛、去成為、去經驗所有生命中美麗的一切的最後一個機會。

他不再有憤怒和爭鬥的能量。他可以延後；他可以說：「一周後法院見，但這周讓我先放假。」

沒錯，你剛開始會感到悲傷和絕望，生命從你的手中流逝。但無論你是否知道，它一直從你的手中流逝。無論某人是否知道，它一直從他的手中流逝。知道這件事的你是幸運的。

我想到一個偉大的神秘家，艾納斯。有個人好幾年來常常去找他。有一天他很早起來，周遭沒人，然後他問艾納斯：「請原諒我。我必須很早起來，因為這時還沒有人，我一直想問個問題，但它讓我很尷尬，所以一直放在心裡。」

艾納斯說：「不用尷尬。你隨時可以問任何問題，來這兒坐。」

他們坐在廟裡。那人說：「這對我而言很困難；要如何陳述它？我的問題是我已經來見你好幾年了，但從未看到你悲傷、失望或憂慮。你總是快樂的、滿足的、安定的。」

「我無法相信。我多疑的頭腦說：『這個人是假裝的。』我一直和自己的頭腦對抗，多年來一直告訴它你不可能假裝：『如果他是假裝的，你自己試試。』我試過——五分鐘、最多七分鐘，我就全忘掉了。憂慮、憤怒或悲傷來到，如果都沒人引起這些情緒，妻子也會引起！——所有的假裝都不見了。」

「你如何每天、每月、每年做到的？我看到的一直是同樣的喜悅和優雅。請原諒我，但那個懷疑仍堅持你是假裝的。也許你沒有妻子；那似乎是我和你的唯一差異。」

艾納斯說：「只要讓我看你的手。」

他拿起他的手查看…很仔細的。

那人說：「有什麼問題嗎？怎麼回事？他忘掉那些懷疑、假裝和艾納斯。」

艾納斯說：「在我回答你的問題前，只是順便，我看到你的生命線到底了…只要再七天。

所以我得告訴你，因為我可能會忘掉。一旦我開始回答你的問題，我可能會忘掉。」

那人說：「我不再關心那個問題和它的答案了，扶我站起來。」他是個年輕人。

艾納斯說：「你站不起來？」

他說：「我感覺所有能量都消失了。只剩七天，我還有很多計畫……一切都毀了。幫幫我！我住的地方不遠，只要送我回去。」

艾納斯說：「你自己可以回去的。你可以走路——你剛剛來這兒還很正常。」

那人想辦法站了起來；他看起來彷彿所有能量都被吸光了。當他下樓梯時，你可以發現他突然變老了，他扶著欄杆下樓。當他走在路上，你可以看到——他隨時都會倒下，走路像個醉漢。但他想辦法回到家了。

每個人都起床了；那是一大早。但他卻在睡覺；他們都問他：「怎麼回事？你病了嗎？不舒服嗎？」

他說：「現在疾病也不重要了。舒不舒服也不重要了。我的生命快結束了——再七天。今天是星期天；下個星期天，當太陽落下，我就離開了。我要離開了！」

全家人都在難過。親友聚在一起——因為艾納斯從未說謊過，他是個真誠的人。如果他這麼說，死亡是確定的。

在第七天，日落前——他的妻兒、兄弟都在哭泣，父母則變得神智不清。

艾納斯來了，他們說：「你來得正好。請祝福他；他將要踏上一段未知的旅程。」

在第七天，那人改變如此大；甚至艾納斯也得努力才能認出他。他變得骨瘦如柴。

艾納斯搖了他；他試著張開眼睛。艾納斯說：「我是來告訴你，你不會死。你的生命線還很長。我說你將在七天內死掉是在回答你的問題。那是我的答案。」

那人跳了起來，他說：「那是你的答案？我的天！你害死我了。我正看著窗外的太陽下沉，準備要死了。」

然後一陣歡欣：那人問：「這算什麼答案？這種答案會害死人。你似乎是殺人犯！我們相信你，你卻利用我們的信任。」

艾納斯說：「除了那答案，沒別的方式有用。我是來問你：你這七天是否有跟任何人爭吵？你是否有生任何人的氣？你是否有去法院？——那是你的工作；你每天都會在法院出現。」

他是那樣的人，那是他的工作。甚至謀殺案，他都能準備去當證人；只要付他足夠的錢。他已經是某個謀殺案的證人，法院知道他不可能是每個案子的證人——他是職業證人。

法官問：「當這個謀殺案發生時，你站在哪兒？」

他說：「十七呎六吋。」

法官說：「太好了！所以這表示你量過你和那個被害者的距離？」

他說：「是的，因為我知道某個笨蛋或某人會問，所以最好先準備。我一吋一吋的量；剛好是十七呎六吋。」

那是他的工作。

艾納斯問：「你的工作呢？你在這七天有幫多少案子作證？你賺了多少錢？」他說：「你在說什麼？我沒離開過床。我沒吃飯；沒有食慾，完全不會渴。我只是像個死人。沒感到任何能量或活力。」

艾納斯說：「現在你起床吧，是時候了。洗個澡，填飽肚子。你明天在法院有個案子。繼續去工作。我回答你的問題了。因為自從我察覺到每個人都會死……」

「死亡會在明天來到——你有七天。我甚至沒有七天；明天我可能就看不到太陽了。我沒任何時間可以用在愚蠢的事、愚蠢的野心、貪婪、憤怒、恨；我沒時間——因為明天我可能就不在這兒。」

「在這短暫的生命中，如果我可以慶祝存在和人類的美；如果我可以分享我的愛和歌聲，那也許死亡對我而言就不會很困難。」

古人說那些知道如何活的人也會知道如何死。死亡是美麗的，因為那只是外在的；對內在而言，生命的旅程持續著。

知道自己得了癌症確實會很震驚、悲傷和絕望。但你是我的桑雅士；你必須把這個機會用來讓自己有巨大的轉變。

你這幾天會在這兒，要用來靜心、愛、慈悲、友好、玩樂和歡笑；如果你能做到，你會被獎勵，一個有意識的死亡。那是有意識的生活的獎勵。

一個無意識的生命也會無意識的死亡。

有意識的生活會被存在用有意識的死亡來獎勵。有意識的死亡就會知道生命最終的高潮，知道並沒有任何東西死去，只是外形改變了。你換了新房子——當然，一間更好的房子，一個更高層次的意識。你可以利用這個機會成長。

生命是絕對公平的。無論你掙得了什麼，你都不會失去，你會被獎勵。

接受那個死亡只是你生命的一部分，接受你能事先知道是好的。否則，死亡來到，你聽不到它的腳步聲，死亡的聲音在接近你。那就是為什麼我說你是幸運的：死亡在七天前就敲了門。

在深深的接受中利用這幾天。

讓這七天盡可能的喜悅、充滿歡笑。死時臉上帶著笑容——微笑、感激、感謝生命給你的一切。

我要對你說：死亡是虛假的。死亡並不存在，因為沒有任何東西死掉，只有事情改變了。如果你是覺知的，為了更好的自己，你可以讓它們改變。

那就是進化如何發生的。

那就是無意識的人如何成為一個佛。

奧修，我昨天下班後來參加你的講道，我感覺很沮喪、疲累和緊張；但在講道結束後，

我感覺很放鬆、充滿活力、新鮮的。但今天早上我又變成沮喪緊張的。這是因為我的頭腦還是周遭的氛圍？

那是因為你的頭腦。

周遭的氛圍總是支持你的。如果你的頭腦是寧靜的，同樣的氛圍會支持你的寧靜；如果你的頭腦是緊張的，同樣的氛圍會支持你的緊張。周遭的氛圍不重要；重要的是你的頭腦。

如果不是這樣，那就不可能有人能成道，因為每個人都被同樣的氛圍圍繞著。

我想到一個小故事，一個古代的故事，有個聰明的國王常在半夜喬裝了自己後到王城外巡視，看看城外的一切是否正常。他很困惑，因為都會有個赤裸的年輕人站在樹下，甚至在半夜。他會在晚上不同的時間出去巡視，但那人總是站在那兒，警覺的。國王很困惑：他在做什麼？有一天，國王走過去問他：「你怎麼了？為什麼總是在寒冷的夜晚赤裸的站在這兒？」

那人說：「我擁有某個重要的東西，必須不斷的注意它。我甚至不能有半刻是無意識的，那太危險了。」

國王問：「那個東西在哪兒？」

那人笑了。他說：「你不了解。它在我裡面。我越覺知——無論白天或晚上——我就越能深入自己。」

那是國王第一次這麼近看著他——一個美麗的人，充滿吸引力的雙眼，帶著看不見的氣質。國王受到感動。他說：「我一直想要找一個師父，但從未找到。我無法離開你了。我邀請你跟我回去王宮。你將能擁有所有你需要的。不需要站在這兒——那不適合國王的師父。從這刻起，你是國王的師父。」

那人說：「沒問題！」他跳上國王的馬，要國王走路跟著：「讓我們回去皇宮。」

國王說：「這個人不是普通人！」——他赤裸的坐在馬上，國王這輩子第一次必須走路……

「被皇宮的守衛看到該怎麼辦？」

但那人說：「你不用擔心守衛或你的妻兒；沒人可以干預。我會宣稱我是你的師父。」

國王開始懷疑：「這個人，我以為已經棄世的人，赤裸的站了很多天……他馬上就答應。

不只答應，還立刻跳上我的馬！」

在王宮，給了他最好的房間，所有東西都是最好的——比國王還好。他的解釋是：「我是國王的師父，如果師父擁有的東西比國王差，那對國王是個侮辱。」國王給了他一切所需要的，他過著極度奢華的生活。

國王想：「我被騙了。這個人不是聖人，他是個騙子。他赤裸的站在那兒只是要愚弄我，他成功了。但要如何擺脫他？」

六個月過去了。國王是個有教養的人；他說不出口：「你騙了我。」但有一天，他和師父走在王宮的草坪上，國王說：「奇怪，但我有時候會有點懷疑。你赤裸的站在樹下……你放棄了世界上的一切，現在過著王室般的奢華生活。我腦中出現一個問題：那我和你的差異是什麼？」

年輕人說：「差異？你得跟著我。到了正確的時間和地點，我會告訴你。」

國王和師父騎上馬出發。當他們到了王國的邊界，國王說：「這是邊界。我們現在要進入其它王國了，那不適合我。你的答案是什麼？」

他說：「這就是我的答案：這是你的馬，這些是你的衣服。帶著它們回去，我要離開了——這就是差異。你有一個王國，我沒有。無論我住在哪兒，那兒就是我的王國。」

國王很震驚，他知道自己錯怪這個人了。他跪在地上說：「原諒我，我錯怪你了。」

那人說：「你騎著你的馬回去王宮吧，因為我是如此單純的人⋯⋯我可以再次穿上那些衣服，馬兒在等待，我可以回去——懷疑會再次來到你的腦中。我不想創造任何懷疑。你只要帶著這兩匹馬和這些衣服回去。我過去是赤裸的，現在仍可以是赤裸的——有這麼多樹，我可以站在任何地方。」

國王努力嘗試要說服他：但那人說：「我可以跟你回去，沒問題；但我知道你的頭腦，並非⋯⋯你是個騙子。懷疑不是現在才產生；我六個月前的晚上跳上你的馬時就產生了。」

「對我而言沒有差別：我是寧靜平和的、處於中心的、如同站在王宮外樹下一樣的平衡。我周遭的氛圍或環境不會造成差別。無論我在哪兒，那兒就是我的王國。」

那和氛圍無關。這就是我們如何持續把責任丟給別人的；那不是正確的——對求道者而言。他應該要很清楚：「責任都在於自己。」

你會驚訝的知道：當你自己負起所有責任，你會是全世界最自由的人，因為現在無論你在哪兒都不會有任何差別——你的自由、平靜和完整性是不受影響的。

有個德國桑雅士寄了一個禮物給我。一個木製的相框。我要把它給你，因為那個禮物是很有意義的。它的名字是頭腦和靜心。

它是個小禮物，但有著重要的意義。

這就是靜心——這個巨大的寧靜、平和的藍天和沙灘…靜靜的坐著，不做任何事，當春天來到，綠草自行生長。

但把它翻轉…

天空變成了漩渦般的雲層和暴風雨。

這就是頭腦。一切都被打擾了。那是十足的打擾。那就是它如何持續在你裡面發生的。

靜心和頭腦是同樣的東西構成的。

當頭腦是寧靜的，就是靜心…

它逐漸靜下來了。沙灘逐漸形成，海浪逐漸褪去。

但如果翻轉它——那就是你！

這個禮物送給你。

奧修，我讀到一本書叫「禪尼日記」，裡面有個故事：有個師父和他的弟子去參加葬禮。弟子指著遺體問：「這是死的還是活的？」

師父回答：「我不能回答。」

弟子作勢要打師父，但師父說：「你想打就打，但我無法說那是活的還是死的。」於是弟子打了他。

那晚，師父告訴別人這一切，宣布弟子得離開，因為他打了師父。於是弟子離開去找另一個師父，並把這一切告訴那個師父，希望聽到他說之前的師父是個殘忍瘋狂的人。但相反的，第二個師父大喊：「多麼慈悲的師父！」——弟子在那兒逐漸了解到事情的原委。

奧修，是否可請你評論？

這故事是珈安提供的。我知道這個故事，但她沒提到幾個重要的地方——如果沒提到它們，這故事會是很普通的。

我不懂日文；這是個日本故事。

但我懂禪。

我懂德國人；珈安是德國人。德國人有很多很特別的特質：其中一個是總會錯過最重要的地方。她一定看的是德文版本；很可能是譯者錯過了。

據說如果你對英國人講笑話，他會笑兩次——第一次只是表示友善。每個人都在笑，如果他沒笑，他們會認為他似乎是笨蛋。第二次則是到了半夜，他了解了。

如果你對德國人講笑話，他只會笑一次，因為每個人都在笑。但他從不了解那個笑話。

哈里達斯是我其中一個最老的德國桑雅士，我說的笑話一定是史上最多的。而他坐在我前面，每天、每年，他會在講道後問人們：「你為什麼笑？你們怎麼了？每個人都在笑。我不了解。」

如果你對猶太人說同樣的笑話，他不會笑。相反的，他會說：「聽著。這是個老笑話、很舊了。其次，你講的方式不對；先去學如何講笑話。」

這個故事：：

這個師父有一個敵對的師父住在他的禪院旁。他們盡可能嚴厲的否定和批評對方。他和一個弟子去參加葬禮。遺體在那兒，葬禮準備好了。

弟子問：「它是死的還是活的？」

師父說：「我不能回答。」注意他強調的：不是我不知道、不是我不想知道、不是我不會知道；而是「我不能回答」——你的問題是無法回答的。那無法用話語表示。

每當弟子回答不了問題，師父就會打他。所以同樣的，弟子說：「那我要打你。」

他說：「你想怎麼打就怎麼打，但我不能回答。」

他打了師父。

看到這個人——無法回答簡單的問題，任何人都會回答的問題——他是沒用的，所以弟子決定：「我應該去投靠他的敵人。」

他沒有被趕出禪院；那就是故事出錯的地方。

他去找敵對的師父，就在隔壁。他的禪院也在那兒，他有自己的弟子。而這個弟子認為另一個師父會很高興的接待他，特別是當他說他的師父是無知殘忍的——因為沒回答弟子的問題是殘忍的。

他對第二個師父說：「我師父是無知的。什麼都不懂。每個人都在準備葬禮；當然那個肉體是個屍體，死掉的；但是——我的師父，這個笨蛋——卻說：我不能回答。」

「而且如果我們無法回答問題，他會打我們。所以同樣的，我打了他。他說：『你想怎麼打我就怎麼打我，那是你的權利；但我仍不能回答。』這個人是無知的、遲鈍的、固執的；他不配當個師父。」

他以為自己會被稱讚，因為敵對的師父——總是批評他的師父——會很高興，張開雙手歡迎他：「來我的禪院。你何必浪費時間跟那個笨蛋在一起？」

但相反的，他說：「你是無知的。你不了解慈悲。你的師父很慈悲。回去你的禪院。」

他站在禪院外，兩個禪院之間，進退兩難。他以為他們是敵對的。他首次發現他們不是反對彼此的；也許那是他們幫助弟子和人們的策略。

而那個人說：「你的師父是慈悲的，你是笨蛋。你不了解他。回去！」他開始明白整個情況：一般人會說那個屍體是死的，他的師父則拒絕說那是死的或活的。因為那是禪和世界上所有偉大的達成者的基本原則——存在無法被分類為不是這個或那個。你無法說它是死的或活的。

你無法將存在分門別類。

只因為這個人不再呼吸並不表示他死了。他仍是存在的一部分，永遠有生氣的。你無法說它是死的，因為存在中，沒有任何東西是死的。沒有任何東西會死。

一切都是有生氣的，只有生命存在。

當然你不能說它是活的；否則何必舉辦葬禮？

所以葬禮是實用的，但哲學上而言——就更深入、更根本的層面而言——他永遠是有生氣的。他以前還有呼吸，現在沒有呼吸了。差別不大。無論是否呼吸，他都是存在的一部分。你無法脫離它，因為它就是一切。你無法離開存在，所以你無法離開生命。

另一個師父是在說：「你不了解你師父的慈悲。他不回答是因為他的慈悲，因為任何答案都是錯的。很容易就能滿足你，他只要說：「它是死的」——但根本上而言，那是不對的。」

「他的慈悲是如此偌大，甚至同意讓你打他——因為他會打那些無法回答的弟子。只是表示公平。因為他不回答你——他不在乎你是弟子或師父——他願意讓你想怎麼打就怎麼打。」

「但他說：「我不能回答；我無法說。」回去找你師父。如果他無法改變你，我也無法。事實上，那些我無法教導的人，我會讓他們去你們的禪院——這是我們的協議。我們會爭吵和否定對方——這是我們的喜悅。我們很享受這些；那些了解的人也會很享受。」

就像某個老故事：兩個製作甜食的師傅在爭吵，用甜食砸對方，整條路上都是人，他們很喜愛那些甜食，都在鼓吹雙方：「你們做得好！砸得好！」但他們可以享受那些甜食。

「我們一直在扔甜食，」老師父說：「那些了解的人會很享受這一切；那些不了解的人，他們會以為我們是敵人。我們是同一個師父的弟子。是他創造了這種奇怪的策略，讓禪院反對彼此。他說：「有些笨蛋會加入你們，有些則加入另一個；但不要讓任何人溜走，那些反對你的人會去找另一個人；那些反對另一個人的人會來你這兒。」我們用的是師父的方法。但我不會讓你來我這兒，你是屬於他的。他是如此慈悲，如果我接受你，那會是醜陋的。」

神秘家有自己的方法。

一般人無法了解。

為了那些用任何方法都無法讓他們了解的可憐的人和普通人，神秘家甚至會反對彼此。他們只能了解某個有爭議的。好幾世紀來，神秘家一直這麼做。

只有在本世紀，人類是如此愚蠢以致於沒有神秘家可以深入的、充滿愛的共謀來幫助你——讓你去經歷生命、愛和歡笑。

第九章
奧義書的方法

奧修，靜心者的根和翅膀是什麼？

靜心是一個安定在自己裡面、安定在你存在的核心的方式。一旦你找到你存在的中心，你就找到了根和翅膀。

根在存在中，它使你是更整合的人類和個體。翅膀則在透過接觸存在所釋放的芬芳中。那個芬芳是由自由、愛、慈悲、真誠、誠摯、幽默感和巨大的喜樂所構成。

根使你是個體，翅膀給你愛的自由、有創造力的、無條件的分享你的喜悅。

根和翅膀同時來到。它們是同一個經驗的兩面，那個經驗就是找到你存在的中心。

我們持續在表面移動著，總是在遠離自己存在的某處，總是著眼他人。當這一切停止了，當所有客體都停止了，當你閉上眼睛不再注意那些不是你的——甚至你的頭腦和心跳都被留在遠方——只有寧靜留下。

在這個寧靜中，你會慢慢的安定在自己存在的中心，然後根和翅膀會自行成長。你不用擔心它們。你無法做什麼。它們會自行出現。

你只能滿足一個條件：就是待在家——然後整個存在會成為喜樂和祝福。

奧修，古代的奧義書和此時此地發生的奧義書有什麼不同？

沒有不同。不可能有任何不同，因為那不是時間的問題。它可能幾千年前發生過，也可能幾千年後發生。時間是無關的；問題在於發生。

你能問：「古代的愛人和現代的愛人有什麼不同嗎？」愛不知道時間。無論是古代的愛、現今的愛或未來的愛，時間是無關的。愛都是同樣的。

奧義書是一個愛情事件——師徒間的愛情事件，師父隨時準備要分享的愛情事件。他只是一朵雨雲，隨時準備要灑落。而弟子隨時準備要接受——敞開的，沒有關上任何窗戶的、沒有任何保留的——完全有接受性的。每當弟子完全有接受性的，師父洋溢著狂喜，奧義書就發生了。

古代的奧義書、現在的這個奧義書或未來的奧義書都沒有任何不同。奧義書是一個超越時空的現象。不要說「古代的」奧義書，因為「古代」使它是和時間相關的。不要說「現代的」奧義書，因為就奧義書的現象而言，時間無關緊要。就如同不會有古代的愛或現代的愛的分別。

它也不受空間的限制：它可以在任何地方或任何時間發生；唯一需要的是某人洋溢著狂喜，而另一個人有敞開的勇氣，不怕接受這個洋溢的狂喜。

人總是害怕未知的，而這是最不為人知的。

人總是害怕奇怪的，而這是最奇怪的經驗。

人總是害怕神秘的，而這是神秘世界中最終的文字。

奧修，奧義書和禪是一樣的嗎？

不一樣。奧義書發生在師徒之間，禪發生在弟子身上。師父可以幫他、可以創造方法、指出那條路——但禪基本上是個人的經驗。它不像愛。它發生在你的單獨中。它不是一段關係。

奧義書是最偉大的關係。如果只有師父，它是無法發生的。它也許是充滿的、氾濫的；但它無法發生，因為沒有接受的一方。如果只有弟子，它也無法發生，無論多麼敞開、有接受性——要接受什麼？對什麼敞開？

奧義書是比禪更人性的現象，比較接近人性，因為它比較接近愛。它可以很容易的被了解，因為很難找到一個沒有經驗過愛的人。當師父和弟子融化在彼此裡面，有些經驗可以用來向他解釋。

所以第一：奧義書和禪是完全不同的現象。

第二：經驗是相同的。方式是不同的，但最終而言——無論你是跟隨禪，單獨到達山頂，或者在深深的信任中，跟隨一個握著你的手的師父到達山頂——你如何到達並不重要。你的方法和工具可能不同；但山頂是相同的。找到自己和找到整個存在的奧秘的經驗是相同的。

所以一方面，我說它們是完全不同的。另一方面，我說它們是完全相同的。

這兩句話沒有衝突。方法是不同的，但最終找到的是相同的。

禪是費力的、艱辛漫長的。但那由你決定——有些人喜歡不好走的路。好走的路不吸引他們；困難的路才讓他們興奮。

奧義書不是艱辛的路。它是很簡單、放鬆的經驗。它是抵達最終實相的最短的路。

但世界上有很多種人；他們都需要不同的路去達成自己。所以有這兩種極端。就這方面來看，禪和奧義書是最遠離對方的；但最終的結論卻是相同的。前者是艱難漫長的，但有少數人需要它。

斯里蘭卡有個神秘家快死了。他宣稱明早就會死亡。他有數千個跟隨者；都聚在一起。他很老了，幾乎九十歲，他已經教導他們六十年之久。佛教的方法是很漫長的。但這個接近死亡的神祕家說：「我一直把我遵從的方法教給你們，那個幫我達到最終的。但我現在知道有一個捷徑——非常短的捷徑，如果有人想知道，站起來！否則我要離開了。」

人們互相對望，他們看著某些人想：「這些是很虔誠的人，也許他們會站起來。我還有很多問題要處理。」

沒人站起來。只有一個人舉了手。

老人說：「這樣也足以安慰我了。但你為什麼不站起來？」

他說：「因為我現在還不想離開，但我想先知道捷徑，以免某天我想嘗試。何必選擇漫長艱辛的路？所以我舉了手。我無法站起來。就艱辛的路而言，我們知道——因為六十年來，你一直在教導它。現在是你最後一刻…你是個奇怪的傢伙。至少告訴我們捷徑！」

神秘家說：「捷徑有個條件：只適合那些準備現在要離開的人。我再給你們機會——站起來！」

連那個人的手都放了下來，一片寧靜。每個人互相對望。

老人死了…

人們想要艱辛漫長的路，這樣才能當作藉口——因為路很漫長艱辛…生命如此短暫，有這麼多問題和責任；這麼多事要做。小孩的成長、他們得結婚、生意不好——或者生意很好，這不是靜心的時候。

奧義書是最短的路。弟子和師父都不用做任何事。作為不是它的一部分。

我引述過偉大的禪宗詩人芭蕉的話語很多次：「靜靜的坐著，不做任何事，當春天來臨，綠草會自行生長。」就奧義書的方法而言，甚至連不做任何事也不需要。而且當綠草自己生長，你要做什麼？無論你是否靜靜的坐著，它都會生長。無論你是否靜靜的坐著，春天都會來到。你不必要的把綠草的生長當成自己的責任——因為你一直靜靜的坐著，不做任何事！即使你不存在時，綠草也在生長；當你不在這兒了，綠草仍會繼續生長。那和你無關。

奧義書甚至不會要求你靜靜的坐著和不做任何事。

即使不做任何事也是一個作為。

奧義書的整個方法是如此全然不同：弟子是敞開的，師父是洋溢的，然後某件事開始發生。沒人做任何事。沒人能說是他做的；因此我說奧義書的方法是整個人類的意識和發展中最神秘的方法。

禪是神祕的，但它是可以了解的。

奧義書就只是神祕的，沒有可以了解它的方法。你可以擁有它，融化在它裡面，但不會有解釋的問題——只有經驗。

世界各地都有過神秘學校。在希臘，畢達哥拉斯建立了神秘學校；猶太教的鮑爾夏姆建立了被稱為哈西德派的神秘學校；在中國，有道的神秘學校；而當佛教來到中國，一個新的神秘學校、一連串新的神秘學校，禪（chʼan），被建立了。同樣的神秘學校到了日本，被稱為zen。但無論是zen、chʼan或佛教的jhan，都是梵語dhyan的變化形。

在印度，dhyan已經流傳了好幾世紀——在佛陀提出靜心之前，神秘學校就已經存在了。還有譚崔的神秘學校和不同瑜伽派別的神秘學校。

我去過這些神秘學校，不是以學者的身分——那不是我的方式——而是以經驗者的身分。我可以對你們說：沒有比奧義書的神秘學校的層次更高的——因為它是最精簡的。沒人做任何事，但奇蹟仍然發生。

奧修，薄伽梵歌、可蘭經、聖經等宗教經典和奧義書的差別是什麼？

首先，奧義書不是宗教經典。而是那些知道的人的詩意般的表達。他們不是印度教徒、佛教徒或者那教徒；他們不屬於任何宗教。那是坐在師父腳旁的個人經驗——當他們被那個經驗淹沒，他們跳起舞、唱著歌、說著奇特的話語。這些不是他們的頭腦創造的；他們只是根中空的竹子。存在把他們當成笛子；那是存在本身在唱歌。

所以沒有任何奧義書有提到作者的名字。

可蘭經屬於回教的、新約聖經屬於耶穌基督的、薄伽梵歌屬於克理虛納的、法句經屬於佛陀的；自在奧義書則不屬於任何人。

非常勇敢的人：他們甚至沒署名。事實上，署名會是醜陋的，因為他們不是作者，不是作曲的人，他們不是詩人。那些詩來自更高的、彼岸的。他們只是媒介。

因為這樣：你會驚訝，整個可蘭經都是穆罕默德的話語，薄伽梵歌完全是克理虛納的話語，但每本奧義書則包含了很多人的表達——那些到達彼岸且允許彼岸透過他而降臨的人。

奧義書不會只收集某個人的話語。每本奧義書都包含了很多成道者的話語，而且沒有署名。話語從未這麼重要過，從未達到這樣的高度，那些讓它們發生的人都保持是匿名的。這是如此美麗，擁有無窮的美，因為他們知道：「我們不做任何事。只是成為通道。某件事透過我們發生。」

某個奧義書的先知——當然，名字是未知的——據說曾說過：「如果我的話語有任何錯誤，那是屬於我的。如果裡面有任何真理，我無法宣稱那是屬於我的。真理屬於宇宙；錯誤則屬於我，我不是很優秀的媒介。」這些人是罕見的、獨特的人類，地球的精華。

我要我的桑雅士再次成為地球的精華。

因為它不是宗教性的經典，所以沒有任何宗教跟隨奧義書。非常少的書含有最偉大的真理且是未組織化的。沒有任何組織圍繞著它們；無法有。正因為它的方式，所以不會有教會、教皇或商羯羅的存在。

我愛某人，但我不能因此創造一個組織。當我離開身體，我會留下財產、房子、土地和一切做為遺產——但我無法留下我的愛做為遺產。

這些奧義書是純粹的愛，所以不會有任何繼承人、教士和信徒。這些書是世界上最純粹的，完全沒有被汙染。它們表達的一切仍然未變。

沒人因為奧義書而互相對抗。

回教徒因為可蘭經而互相對抗。印度教徒因為薄伽梵歌而互相對抗。基督教徒因為新約聖經而互相對抗。每個人都為他們的宗教經典而對抗。

誰在乎可憐的奧義書？但那是幸運的，沒人在乎它們；它們仍如同誕生時一樣純粹和天真。

奧義書的話語——有一百一十二本奧義書；奧義書的話語無法被當成教條，因為它是不合理的、不合邏輯的。它們是互相矛盾的。

其中一本奧義書說：「我不知道誰創造了世界。」你不能根據這樣的話語創造宗教。那你知道什麼？——因為那是任何宗教的基礎：對神和造物主的信仰。但如同天真的小孩，奧義書的先知說：「我不知道誰創造了世界。」這比較接近真理：沒人知道誰創造了世界。沒人知道是否有造物主——它可能一直都在那兒。似乎說它過去一直在那兒、未來也將會一直在那兒是最符合科學的。

整個萬物被創造出來的概念是愚蠢的。但如果你拋棄這個概念，你就得拋棄造物主的概念。然後你得拋棄教士、教皇、先知、彌賽亞、救世主和神的化身。神不存在。那怎麼會有化身？

我聽說：有個瘋狂的人去應徵一個在船上工作的職缺。他被面試。船長和大副問他：「如果在海上遇到任何會危及船隻的問題，你會做什麼？」

他說：「簡單：」

每當這樣的情況發生，他們會扔掉船上周邊沉重的東西，讓船隻保持穩定。那些沉重的東西被稱為錨。

所以那人說：「沒問題。我會卸下一個大錨。」

船長說：「但如果另一個問題發生——因為這些事情常接著發生，一個大浪——那你會做什麼？」

他說：「一樣——另一個錨。如果第三個問題發生，就再卸下一個錨，第四個問題發生，就再卸下一個錨。」

船長說：「等等！先告訴我，哪兒會有這些錨？」

那人說：「你跟我一樣瘋狂。那這些問題從哪兒來？也是同樣的地方，所以我從那兒拿到那些錨。」

一個謬論，不真實的言論，一個虛構的想法會產生另一個虛構的想法。

首先，你問誰創造了世界；神就被立刻考慮進來——一個錨。但某人一定會問：「誰創造了神？」——另一個錨；一個更大的神創造了這個較小的神。但這樣的問題無法結束。你開始了一個虛構的東西；現在沒有辦法結束了。你得持續創造更大的神，那個人得持續得到更大的錨。

奧義書不是宗教性的經典。它們不會給你任何信念體系。不會叫你相信任何事。它們沒有任何神和被創造的萬物。它們有的只是師徒間深厚的和諧。那個和諧帶來了巨大的平靜、祥和和靜謐，所有問題都消失了——不是你找到了答案，不。只是所有問題消失了。不會產生要找到答案的問題；你沒有任何問題，所以怎麼會有答案？

奧義書不會給任何人答案。

所以人們不會太注意它們，因為它們沒有任何答案可以給你。你有問題，就會想要答案。奧義書不會有任何答案。它們準備要帶你進入不同層面的存在來轉變你。那是意識的改變。所有懷疑、問題和一切會突然消失，留下的只會是美麗的平靜。

因此，每本奧義書都以香緹、香緹、香緹結尾。意思是完全的寧靜。超過那個寧靜之後就是什麼都沒有的狀態，沒有需要的狀態。它會帶來全然的滿足、完全的喜樂、最終的狂喜。

就宗教性的經典而言，奧義書是唯一自由的、完全自由的書。所有宗教的經典都被囚禁了——印度教有它們的監牢、回教有它們的監牢、基督教有它們的監牢。沒人敢囚禁奧義書，因為就教士的職位而言、就組織的創造而言、就剝削人們而言、就給予虛假的信仰而言，那些奧義書是沒幫助的。那些奧義書是危險的；最好還是把它們放在一邊。

每當一本書變成了神聖的經典，它就被毒化了。它就只會是創造更多奴隸的策略。無法譴責奧義書，因為它們沒有對人類做任何醜陋的事情。它們給予它們的芬芳，它們綻放開來，分享自己的喜悅——如此的美和清明——沒有任何漏洞，以致於無法把它們當成宗教的經典。它們是真正有宗教性的。它們不是經典，它們才是真正神聖的。

整個歷史中，只有極少數的書保持不受人類頭腦的狡猾所汙染。奧義書屬於那極少數的書。

奧修，你的工作是什麼？

我的工作是確保很多人做他們的工作！

所有的宗教都在教人們棄世。我的工作是幫人們不要棄世。去工作！

所有的宗教，毫無例外，都反對生命。我的工作就是摧毀那些強迫你反對生命的制約；我的工作就是讓你的生命是喜悅的，使你熱愛生命、唱歌、跳舞——因為生命是個慶祝。

我的工作就是讓整個存在進入慶祝的狀態。

第十章

頭腦就是爭執，了解就是超越

奧修，我的了解是一般而言有兩種規則：一種用於外在的世界——人們建立的世界，賺錢、養育小孩、朝著某個方向前進——另一種規則用於內在的世界；例如催眠、心靈感應、讀心術等等，使內在意識成長，最終達到三摩地、成道、涅槃。

在這兒生活，兩種規則都得遵循，所以對我而言，摩擦產生了。

我驚訝的是，有個日本的福岡先生正在進行他稱之為「什麼事都不做的耕種」或「自然耕種」的方法——不犁地、播種、施肥、殺蟲；但卻擁有過去二十五年來最高的產量。這是否也可能用在其它產業如商業、醫療業、法律業、服務業等等？是否可能達到某一程度的同步性？可否請你評論？

你的問題中有很多問題。我得一個一個回答；這樣才可能有令人滿意的答案。

首先你說「我的了解」——那不是。那只是你的思想，所以才產生了摩擦。那個摩擦是個象徵：你把思想誤以為是了解。

思想是屬於頭腦的。了解是屬於彼岸的。

所以第一件要注意的事是，要得到了解，一個人必須不能成為一個敏銳的思想家。相反的，一個人必須成為沒有思想的人。在無思想的狀態下，會綻放了解的花朵。然後就不會有摩擦。

你現在把生命分成兩種規則，外在的規則和內在的規則。但這不是你的洞察、不是你看到的；而是你的思想。而思想是二分性的；外在和內在是思想作的分別。

要了解，沒有任何東西是外在的，沒有任何東西是內在的。

存在的只有存在。

或者，你可以說外在和內在只是同一枚硬幣的兩面，不可分的。不會有摩擦的問題，甚至不可能有任何分別。但頭腦活在摩擦中；它的存在是為了不斷的對抗、和自己對抗。

了解的人會知道沒有外在，也沒有內在。他只知道一個超越一切的覺知，所有外在和內在的分別都消失了——問題解決了。

有個日本天皇去拜訪臨濟，一個在那個時代很有名的師父。當他進入了住著臨濟和他弟子的森林，他看到一個樵夫。自然就問他：「我可以在哪兒找到師父？」

樵夫停了片刻後對他說：「在這兒，」然後他繼續砍木頭。

天皇想：「他似乎瘋了……我沒看到任何人，而且他不可能是臨濟。一個聞名世界的師父不會在大太陽底下砍木頭。」

想到再問這人也不會有任何幫助，天皇繼續往前走。樵夫笑了，他說：「你似乎只能在裡面遇到他，而不是外面。」

天皇有點害怕。那人拿著斧頭⋯說著奇怪的話。他說：「我會自己找到路。不用激動；你繼續做你的工作。」

當他進了臨濟的屋子，他很驚訝。穿著師父袍子坐在那兒的人長得跟樵夫一樣。他說：「我很困惑；你有雙胞胎的兄弟嗎？」

他說：「是的，外面那個人是我的雙胞胎兄弟。我待在裡面。他負責砍木頭，我負責指出走向最終真理的路——但事實上，我們是同一個人。」

對臨濟而言沒有矛盾。但在天皇的腦中，問題來了，因為他根據我們受到的制約來區分。一個偉大的師父怎麼會在砍木頭？或者一個樵夫怎麼會是一個偉大的師父？但你認為有任何問題嗎？一個偉大的師父為什麼不能砍木頭——這有任何邏輯上的問題嗎？樵夫為什麼不能是師父？如果樵夫不能是師父，那誰才能是師父？並沒有任何存在性的問題，那只是頭腦創造的二分性。有一種意識是超越一切的，而臨濟擁有這種意識。

我有雙手。我可以使用雙手是因為我不是雙手，因為我不是我的左手或右手。它們都是我的手，而我的存在是高於它們的。

如果你的內在沒有主人的存在，外在和內在的規則將會造成摩擦。你的左手和右手自然就無法和諧的運作——因為你是死的，主人不在。

幾年前有個很著名的耆那教徒死了。現在，死亡不在乎你是誰，無論你是聖人或罪人。根據耆那教教義，那個人死時的姿態被認為是不正確的。那個耆那教聖人，如果他真的是個師父，死時一定會處於蓮花座的姿態。

這是有意義的；那表示這個真的覺知的人會知道死亡的來到。這暗示著他已經做好準備了，迎接死亡。死時的樣子會是耆那教經典所描述的姿態。但一百個裡面有九十九個並非如此。

這些所謂的聖人死時的姿態都不同。他們的信徒因此很為難，因為如果有人來訪，他會發現他們的聖人死時的姿態，這會使信徒們很尷尬——所以他們把那個身體弄成蓮花座的姿態。而那個聖人是在半夜熟睡時死去的，到了早上，身體已經僵硬了，所以他們幾乎得弄斷他的骨頭和用力敲擊才能弄成蓮花座的姿態。

我有一個朋友在那兒拍照——他帶著相機逃走了，因為信徒看到他在拍照。他們會殺了他，因為他會摧毀所有信徒和這個偉大的聖人。他給我看那些照片。我無法相信：那些信徒甚至在你死了也不放過你！他們敲打那個聖人，把他調整成蓮花座的姿態。一般而言，即使一個沒練習過蓮花座姿態的人都很難做到。一旦你死了，要練習瑜伽簡直是個奇蹟！

但他們想辦法做到了；為了刊登在報紙上的照片，他們做到了——雖然你可以看到那個人很勉強的坐著。他被用力敲打：沒錯，他死了！但那個姿勢不是協調的，那是被強迫的；

那個姿勢就跟那個人一樣死氣沉沉。

問題在於跟隨外在的規則、不知道原因的去跟隨內在的規則、被強迫跟隨內在和外在的規則，你將會創造出一千零一種衝突。每一步都會帶來困難。外在的規則說要這樣，內在的規則說的則完全相反，這會使你分裂。

外在的規則說：愛你的生命、小孩、家庭、鄰居和周圍的人，因為那是唯一和這些人生活和相處的方式。但內在的規則說：「妻子？——她是通往地獄的門！」這產生了衝突：要如何愛地獄？

但人們是偉大的藝術家；他們想辦法做到了。內心深處知道這個女人是地獄，但表面上，他們說：「親愛的，我愛妳。我沒有妳就會死。」但內心深處，他們希望，如果這女人死了……

但女人是如此強壯，以致於男人都會先死去，而女人仍然坐在那兒！除非他先離開，否則她不會離開這個世界。女人的壽命比男人多五年。

我聽說有個女人快死了，丈夫試著擠出淚水。那很困難，因為你整個人都想要跳舞和唱歌。於是他往眼裡倒了些辛辣的東西。但你無法欺騙女人——沒有丈夫能欺騙他的妻子；那從未發生過。

她說：「停止這些無意義的舉動。只要答應我一件事，你不會娶住在隔壁的女人。」

丈夫說：「別擔心。而且妳的衣服不適合她。我答應不會娶她；因為她無法穿妳的衣服。」

你無法掩飾。你的內在和外在持續的衝突著。

你的長輩和宗教的導師要你是誠實的——因為說謊是其中一個最大的罪，會讓你受很多苦的罪。

有一個老聖人，傳統的聖人，迪維阿南，只要經過附近都會住在我家，至少一年。而誠實是他的主要教條。某天下午，他正在休息。他有一個印度教和尚的身軀，你知道…他在休息，但為那張床帶來很大麻煩。

印度教的和尚有一種奇怪的增肥法。他們沒有限制。也許因為他們在尋找那個無限的。

那時有個人走到門口，他問僕人：「如果聖人醒著，我想要見他。」

我正和聖人坐在一起，聖人原本是完全清醒的。但他立刻閉上眼睛。我說：「聖人，這不太對；這不是誠實的。」

他說：「安靜！那人是個討厭鬼。」

我說：「沒人會比你還討厭。你年復一年的打擾這個可憐的家庭。」

他說：「沒時間講這些了。」——他閉著眼睛，打呼著！

我搖著他的肚子說：「你不能假裝打呼來欺騙我。這是假的。」

他說：「它是真的。」

我說：「你是完全清醒的。所以怎麼會打呼？」

他說：「你只要…天氣很熱，那個人又很討厭，他會打擾我數小時。你只要去跟他說聖人在睡覺。」

我說：「我會把你說的話完整的告訴他。」

然後我對那人說：「聖人是完全清醒的，但同時熟睡的；完全清醒但又打呼著。」

那人說：「這怎麼可能？」

我說：「你知道的，這些人有神通。你可以跟我來，我讓你看看。」

我帶他進去。聖人的打呼聲很大。但如果你醒著就無法打呼太久，那很累。我叫他坐在一個有點暗的角落。聖人張開眼睛看著我說：「那個討厭鬼走了嗎？」

我說：「聖人，你要繼續打呼。他就坐在那個黑暗的角落。」

他說：「他怎麼進來的？」

我說：「沒時間講這些了。你只要閉上眼睛。」於是他閉著眼睛繼續打呼。

那人說：「這個聖人還一直說要誠實。」

我說：「我想他是誠實的——閉著眼睛打呼；你還能要求什麼？你要他死嗎？你要他死才肯離開嗎？」這太過分了。

聖人站了起來說：「我無法做到。」

我說：「這不關你的事。不要插嘴。你只要躺下來休息和打呼——無論醒著或睡著，那是你的事。我只是嘗試讓他相信你是個會施展神通的人；你已經讓他看到如何只張開一隻眼睛。那是很困難的，只有聖人可以做到；否則會是雙眼都打開的。」

他很憤怒。在我的家人面前說：「這個男孩不該進入我的房間。」

但我說：「我只是跟隨你的教導。」

他說：「教導不是用來跟隨的，而是被用來教的！」

頭腦無法創造和諧；那不是頭腦的本質。它的本質是辯證的、不一致的。但如果你可以超越頭腦，所有的衝突和摩擦會突然消失——不是你必須做任何事。你只是變成警覺的，無論你在做什麼。那不再是內在或外在的問題，問題在於覺知。

透過覺知，你就無法做任何不對的事。那是不可能的。還沒有任何人可以做到。

你說有個沒在耕種上使用任何科學和技術的日本農夫。他稱為「什麼事都不做的耕種」。那是在和禪的沒有努力的努力協調一致。他的耕種方法只是意識的靜心狀態的延伸。他找到了內在的和諧，他找到如何和大自然和諧一致的方法。

一旦你找到了內在的和諧，要和大自然和諧一致就不難了。因為你是大自然的一部分。

你就是大自然。

大自然是大於你的；你是比較小的大自然。

沒有任何差別和界線。

他把這個洞見用在耕種上，而不依賴任何技術上的幫助。二十五年來，他一直擁有全日本最高的產量，這狠狠的給了人類一巴掌；他個人的努力並不是渺小的，那是一種和生命連結的完全不同的方法。

但你的頭腦在各方面都沒有和諧一致。從問題中就可看出來。

你問，這是否可以用在商業上？不，商業不是大自然。它可以用在服務業上嗎？服務業不是大自然；你會在你裡面創造出分裂，你會創造出麻煩。

如果你是政府的公僕，你說：「我遵循什麼事都不做的哲學，就像什麼事都不做的耕種」，你會被扔出去。而且那還算很慈悲，否則他們會把你扔進精神病院。什麼事都不做？火車駕駛員說：「我要當什麼事都不做的駕駛」；飛機的機長說：「我要當什麼事都不做的機長；我把一切留給大自然的和諧，現在讓我們看看奇蹟。」你只會看到死人和災難，不會有任何奇蹟——因為這些事不是大自然的一部分。

沒錯，你可以把它用在園藝上。任何不是人造的，不是人類的頭腦製造的，而是大自然的成長中的一部分，那可以做到。但在你這樣做之前，你必須達到意識的某個狀態；否則你將會失敗，即使是耕種。

你以為全世界都瞎了嗎？不知道這個奇怪的農夫已經二十五年沒失敗過——沒依賴任何技術、肥料、化學品。不，一定很多人試過，但什麼都沒發生，因為問題不在於耕種；而是取決於耕種者。

他必須先和大自然和諧一致，必須和大自然連結。那是你無法看到的。你只會看到他的產量高過其它人，作物長得比其它人的作物還肥厚，但你看不到某個無形的，那是整件事的要因。否則，為什麼日本其它的農夫不使用同樣的方法？何必在技術上浪費錢？但他們做不到，因為主要的原因不在於作物；而是人的意識。

他已經成為一個非常寧靜的會合者，和愛如此寧靜的會合、和自然如此高潮般的經驗的寧靜會合，以致於不是大自然在成長，而是他本身在成長。沒有誰在耕種，也沒有耕種在進行著。

你只聽過什麼事都不做的耕種。記住，耕種的人也不存在。只有一個寧靜的融合，沒有耕種者和耕種的區分——兩者是一，完全的一。在他們全然的合一中，奇蹟發生了。

就存在而言，這個奇蹟可以發生在世界各地。但它對人造的東西沒有用，因為它們是死的。你無法和死的東西會合。

存在是有生氣的、振動的；你只需要處於同樣的韻律中。

當你處於同樣的韻律中，奇蹟就可能發生。

事實上，如果這個情況可以發生在更多地方，就不需要任何像塑膠這種愚蠢的東西。現在全世界的科學家都在想：「我們要如何處理塑膠？」——因為海底到處都是塑膠製品。塑膠是如此便宜以致於可以用完就丟掉，你不需要留著使用。甚至連塑膠製的注射器都只用一次就被扔掉了；它是便宜的、簡易的、低風險的。

但所有的塑膠製品都被扔到土壤中或海裡，它是無法分解的。那是人類創造出來的其中一個最奇怪的東西——它無法在土壤中分解，它會一直存在。

那是你在世界上所能得到的唯一永恆的東西。

其它在土壤中的一切遲早都會分解為最基本的成分，但塑膠會一直存在。它的抗力是無窮的。而且也開始帶來不良效果：在很多地方，無數的魚因為塑膠毒害了水源而突然暴斃。沒有辦法移除它——而且要丟到哪兒？

工廠不斷丟棄越來越多的塑膠製品。他們還考慮要把人的心臟變成塑膠製的——因為它們會更可靠。塑膠製的心臟不會有心臟病。無論你做什麼——你也許會跌倒——但心臟會繼續運作！那是我們創造出來的其中一個最奇怪的東西：人死了，但心臟還活著。你可以把它取出來，清洗後放到別人身上繼續使用。

那個日本農夫所做的一切，一個單純的人：可以用在全世界——需要的只是和諧。有時候你甚至不知道它發生了，因為你沒察覺到，你從未留心注意。

在美國，當我首次抵達那個我們購買的沙漠，一隻小鳥都沒有。那是個奇怪的地方，就像某些現代畫帶給你的奇特感。一百二十六平方英哩內沒有任何鳥兒，只有一種被稱為沙漠駱駝的樹，杜松樹。它真的是一種很強大的樹；沒有任何樹木能存在於那樣的沙漠中，但杜松樹活了下來。不過它們是瘦小的：很難生長——它們不是翠綠繁茂的。

但在五年內，無數的桑雅士聚集在那兒——我們造湖、開始耕種——奇怪的是，我發現那些杜松樹變得更高大、翠綠和美麗。

鳥兒開始來到，水鳥開始來到，而且有很多鹿以致於無法在路上開車，因為牠們都站在那兒，不會移動；牠們不在意你的喇叭。有件事可以確定：牠們知道這些人是無害的，不會傷害牠們。否則鹿群一看到人就會馬上跑走，特別在美國，他們一直在獵鹿和殺鹿。也許整個美國歷史上，在社區的這五年是這些鹿群唯一受到保護的時光。

我們不得不控告政府。那些獵鹿人控告我們，因為我們不讓他們進入和開槍。我們還得說服法院：「我們是素食者，不會讓我們的土地上的任何生命被射殺。他們可以在他們的土地上做任何事，但這一百二十六平方英哩是神聖的；它屬於我們，也屬於那些鹿。我們是新來的，它們才是土地的擁有者。我們將會離開，牠們會繼續待著。我們是牠們的客人，我們不能這麼醜陋，做出殺害主人的事。」

法官不敢相信我們說的一切！但那些鹿能了解——所以牠們開始從四面八方來到，數以千計的，聚集在社區內的山上和森林中。在五年內，整個沙漠突然變成一個綠洲。

我觀察過生命的同步性：有人和樹的地方，鳥兒就會來到。有鳥兒、樹和人的地方，動物就會來到。

我們有天鵝和鴨子。我們有三百隻孔雀。那是美夢成真。孔雀在跳舞，人們也在跳舞，有某種吸引力和友誼存在著。無法讓孔雀待在屋內，因為牠們會弄髒一切，但牠們會來到窗邊，看看裡面有什麼事在發生——好奇心是一樣的，意識是一樣的，只有身體是不同的；同樣的敏感度，同樣想要以某個方式連結、表示友善的渴望。

就大自然而言，這個實驗是可以成功的；但不能用在機器或商業等人造的東西。

你不能和一堆紙鈔坐在一起：靜靜的坐著，什麼事都不做，春天永遠不會來到——紙鈔會消失！因為別人都在看：「讓他閉上眼睛。這個笨蛋將會閉上眼睛。只是坐著不做任何事，他能持續多久？」遲早他會閉上眼睛，那些紙鈔會消失。而他在等待那些紙鈔變多——紙鈔不會變多。

所以記住一件事，首先你需要一個超然的自己，不是外在或內在的。其次，你得知道只有和大自然、宇宙在一起，你才會成功，那才是真正的成功。

那個日本的農夫呈現了一個非常偉大的、遠比核武重要的——核武可以摧毀全世界，但它們仍不是重要的。這個人呈現了一個可以拯救所有生命的和諧，可以用全新的汁液、愛、舞和新的歌注入到所有生命中，這是更重要的。

奧修，有兩個錫克教徒在開車。當他們要轉彎時，駕駛對他的朋友說：「你可否看看窗外，方向燈是否有亮？」

他立刻往窗外看，一邊看著方向燈的光一邊對他的朋友大喊：「有亮，沒亮，有亮，沒亮，有亮，沒亮。」

如果有人問我是否看到這一切，我的答案也會是：有，沒有，有，沒有，有，沒有。回家的路上是否就像這樣？

不會這樣，因為就你的觀照而言⋯它也許來來去去，你的答案也許跟那個錫克教徒一樣：「有，沒有，有，沒有。」

那就是方向燈的功能：指向，不指向，指向，不指向。

但不要嘲笑那個可憐的錫克教徒。就覺知而言，他是完全覺知的。每當方向燈有亮，他會說有亮；每當方向燈沒亮，他會說沒亮。他對方向燈的覺知是持續的。方向燈持續改變，但錫克教徒持續全然的覺知它何時有亮，何時沒亮。他的覺知是持續的。

如果你說你的觀照也是：「有觀照，沒觀照，有觀照，沒觀照。」那你得知道還有某個在這些觀照的片刻中觀照一切的。誰在觀照你有時候觀照，有時候沒觀照？某個東西是持續進行的。

你的觀照變成了方向燈；不要擔心它。你應該要在意那個永恆的、持續的、連續的——它就在那兒。在每個人裡面，我們只是忘了它。

但即使那些忘掉它的片刻中，它仍然完好如初的在那兒。像面鏡子，可以映射出一切，它仍在映射一切，但你背對著它。可憐的鏡子映射著你的背。

轉過來，它會映射出你的臉。

敞開你的心，它會映射出你的心。

把一切放開來，不要保留任何東西，它會映射出你的整個實相。

但如果你持續背對著鏡子看世界，到處問人們：「我是誰？」那會是你的決定。因為隨時會有笨蛋出現教導你：「就是這個方法。做這個，你會知道你是誰。」

不需要任何方法，只要轉一百八十度的彎——那不是方法。

鏡子就是你的存在。

你也許沒仔細了解這個笑話。如果你對任何人講這個笑話，他會大笑，因為這個錫克教徒如此愚蠢，方向燈的運作本來就是如此——亮，沒亮，亮，沒亮。但你提供的這個笑話：我無法笑，因為我發現到某個暗示，也許沒人發現。

這個錫克教徒是持續警覺的。他沒有錯過任何片刻。

當你說：「有觀照，」然後它消失了，你說：「沒觀照，」——然後它又出現了，你說：「有」：那只是表示有某個東西在這些觀照和沒觀照的片刻之外。真正的觀照，反映著不斷改變的過程，你以為是你的觀照的過程，它就在這一切之外。你說的不是真正的觀照，只是個方向燈。

忘掉方向燈。

記住那個在你裡面二十四小時不斷映射一切的，靜靜看著一切的。漸漸的、漸漸的清理它——上面有這麼多灰塵，好幾世紀的灰塵。把灰塵清除掉。

有一天，當鏡子完全乾淨了，那些觀照和沒觀照的片刻會消失；你會只是個觀照。

除非你發現那個永恆觀照的，否則其它的觀照只是頭腦的一部分。它們沒有任何價值。

奧修，你建議我把跳舞和聽音樂結合在一起，這樣做使我很快樂。但我也得來到另一面、來到悲傷。每當晚上入睡時，覺知就開始自然的發生，為了避開它，我在床上翻來覆去。很難睡著。要如何在晚上忘掉覺知？我也了解到在夜裡醒著不會有傷害，我有時候很享受這樣，因為新的空間被發現了。這個覺知也使我是寧靜的，不會從快樂來到悲傷等等。我喜愛寧靜勝過從快樂來到悲傷，因為我討厭悲傷，雖然它是更深刻的。你的建議是什麼？請評論。

你的問題已經包含了答案。

首先，每個靜心者都會遇到這種情況——每個試著清醒和警覺的人——晚上睡覺變得很難。但如果這不會為你帶來任何問題，而且你隔天早上也不會累；只是休息，沒有睡著，可以使你的身體恢復精神，你感到精力充沛，不會有任何問題。這樣是好的。睡眠不再是必須的。

其次，它使你是更平衡的。你不再像鐘擺一樣在悲傷和寧靜之間來回移動。如果你整晚保持清醒，只是休息和放鬆，這就表示你走在正確的路上。

寧靜就是獎賞。

安寧就是獎賞，在兩極之間處於平衡就是獎賞。

所以除非你認為睡眠對你仍是需要的——沒有睡眠會使你感到疲倦，沒有睡眠會使你瘋狂和緊繃——那時才會是問題。在那個情況下，只有在那個情況下，你不能在傍晚靜心。你必須一大早的時候靜心。在四點起床，靜心兩到三小時，然後停止。它會持續在你裡面運作，但必須和你的睡眠時間相差十二小時；否則，如果你在晚上靜心——一方面試著覺知，另一方面試著入睡——睡眠是無法成功的。

你裡面升起的覺知是如此深厚和巨大，以致於在覺知的浪潮中，你所有的睡意會消失。

但如果它沒造成你的困擾，那你是被祝福的。對將近百分之九十五的靜心者而言，這不會造成任何問題；只有百分之五的人會受到影響。那百分之五的人可以根據他們不同的情況給予建議。但對於百分之九十五的人而言，這不會是問題；事實上，你會感覺更年輕、更精力充沛、更和自己及世界和諧一致與安定。

第三件我要對你說的事是：不要憎恨任何事。甚至恨本身。因為恨什麼不會有任何差異；甚至是恨本身。但不要恨——不只是當成戒律，而是因為了解到同樣的能量可以成為愛或恨。

當同樣的能量可以變成愛，還把它用來恨是愚蠢的——因為恨會造成你的創傷。它不會傷害任何人，除了你自己。同樣造成你裡面創傷的地方，愛則會創造出花朵；它不會幫到任何人，除了你以外。所以那只是理智上的判斷。

恨是摧毀性的，自我摧毀。愛是對一個人無窮的尊敬。你可以恨任何事、任何人、甚至恨本身；但你會發現你在各方面可以用的能量是不足的。恨會吸收你的能量，使你空虛和衰弱。愛則會用能量填滿你，氾濫的能量；不只是治療你，還會創造出圍繞著你的氣場，使別人也被治療。

那不是宗教上的問題——恨是不好的或不道德的。而是個理智上的判斷：恨是愚蠢的，愛是明智的。

奧修，當我吸收你更多，我就變得更渴望。請談談靜心和熱情。

對真理越來越渴望並不會有害。渴望更多經驗的新空間、渴望新的挑戰或渴望航向你內在深處的存在的新星辰，這些都不會有害處。

我把它稱為對神性的不知足。

只有笨蛋是知足的。你可以觀察。看著驢子…牠多麼知足！牠應該被所有虔誠的人膜拜。你無法找到比牠更知足的存在了——什麼都沒有，但你永遠不會看到牠感到挫折、絕望和不安。驢子的世界裡甚至沒有心理分析。驢子不需要心理醫生。但那不是個特質；不是要被讚美的，那是個不幸。

任何有價值的人都是不知足的。沒價值的人會對沒價值的東西感到不知足：金錢、權力或聲望。這些和驢子並沒相差很大——表兄弟。

驢子和總理或首相的差別只有幾英呎。越高品質的人、越優秀的人、有潛力成為一個佛陀、馬哈維亞或查拉圖斯特拉的人都會是不知足的——雖然他的不知足是完全不同的，他的層次是不同的。他的不知足不是因為想要更多東西；而是想要成為更多的——不是想要更多，而是成為更多。他想要更多存在，他想要更多的覺知。他想要內在的整個天空和所有星辰。他的不知足是無窮的。

這些沒價值的人對金錢、權力和聲望是不知足的，他們會得到它們，然後感到完全的挫折。他們的喜悅在於希望，而不是尋找。當他們得到後，他們會發現他們一直在追逐影子。

但真正不知足的人會變得越來越渴望，因為每一步都帶給他無窮的狂喜以致於他無法停止去尋找更多。他的尋找是永恆的。不是因為他找到的一切使他感到挫折。而是因為他找到的一切是如此令人滿足以致於他自然會想要超越它；一定還有更多，存在不可能是有限的。

你聽我講得越多就越渴望是好的。持續下去。讓渴望是無限的，以便你通往真理的旅程是無止盡的；你會一直前進，但永遠不會抵達。

你提到希望我談論靜心和熱情。表面上很奇怪——你為什麼把這兩個放在一起？但它們是並存的。只有熱情的人可以成為靜心者。他是如此熱情以致於無法被俗事滿足；那些事都被證明是微不足道的。他是如此熱情⋯

從沒有人像我這樣如此明確的說出來：我可以告訴你，歷史上沒有任何陽痿的人成道。奇怪——如果你們的宗教人士是對的，那所有陽痿的人都應該會成道，因為他們是真正的禁慾者。他們的禁慾是完全確定的，其它人是不確定的；其它人的禁慾是無法確定的。

一個人越熱情就越難被玩具滿足，會很快就對金錢、男人、女人、禁慾、聲望、名譽感到厭倦。他們很快就對一切感到厭倦，因為那些不是真實的。他們想要真實的東西。他們是如此熱情以致於除非找到真理，否則他們不會滿足。

所以其中的關聯性就是：只有熱情的人會成為偉大的靜心者。那股熱情的氾濫能量⋯只有當能量過多，才能往上移動。如果只是生小孩，一般的能量就足夠了。當能量超過所需的，它一定會超過生理的界線而往上升——那就是我們如何發現人類的內在世界的層次。

有七個層次。在第七個層次，當它來到位於頭部的最高點，它會爆發，彷彿變成了一千個太陽。

所以我們把它稱為成道。那和透過性創造生命的能量是同一股能量；同樣的能量穿過不同的層次往上移動。

例如，當能量來到心的附近，它會創造出一股強大的愛的力量。當它來到喉嚨附近，它會透過音樂、詩、每句說出來的話的權威產生一股強大的力量。當同樣的能量來到第三眼，兩眉之間；一個人不須任何努力就會變成有催眠性的。只是處於他的存在，你會突然發現自己同意他說的。那不是需不需要辯論的問題；你只是直接落入到同樣的節奏中。

這個人從未試著要改變任何人。只是如果有人剛好接近他，他一定會有所改變。而這會是真正的轉變：不再是同一個人。

當同樣的能量超過第六個中心，第三眼，來到第七個中心，頂輪，這個人就達到了三摩地。那和我們稱為熱情的能量是同一股能量；它在最低的層次是熱情，在最高的層次是慈悲。

第十一章
從某某人物到無足輕重的人…一個從虛假到真實的旅程

奧修，我最近拚命試著找尋、學習或做某件事，只是為了讓自己有個身分，雖然我知道這是頭腦的陷阱。為什麼成為無足輕重的人或不擁有任何身分是如此令人痛苦和震驚？

問題在於群眾的心理學。

你整個被養育長大的方式都在教你要被認定為某個人格。沒人在意你是誰；每個人都在為你貼標籤。那是很容易的，因為尋找自己是誰的工作只有自己才能做；別人無法幫你做。

剛來到這個世界的小孩是單純的，一張空白的紙。他甚至不知道自己的簽名。我們得教他知道自己的名字，那是虛構的；透過這個名字，每個個體開始像本小說。一個虛構的東西接著產生了另一個虛構的。整個人生變成虛構的，而我們必須抓著它不放，因為那是我們的一切。否則會是完全的空、無物、深淵般的。我們會迷失。有個故事可以幫助你……

有個人在山上迷路，無法抵達村莊。太陽西沉。黑暗籠罩了整座山；山路很窄，但待在山裡是危險的——野生動物……所以他緩慢的前進：也許可以離開山區。但他踩到一塊石頭而滑倒。懸掛在石頭上——底下是黑暗的深淵。

你想要怎樣？你能告訴他：「放開石頭，它沒有幫助。你為什麼抓著它？」他並不想抓著石頭，他是在避免無物。那是唯一的選擇：放開石頭就會消失在無物中。

那是個寒冷的夜晚，隨著天氣越來越冷，他的手變得麻木。到了午夜，當他無法繼續抓著石頭——並不是他不想，但他的手幾乎凍僵了。他無法移動手指頭。最後他只得絕望的放開石頭。雖然只要再六小時就是早晨了，也許他就能想到某個辦法。

但在這一瞬間，整個故事急轉直下。當他的手無法再抓著石頭，他感到極大的絕望，但是當他放開雙手，他立刻站在地上！

在黑暗中你看不見地面。他在那六小時受的苦是完全不需要的。地面就離他不到六英吋。

但在黑暗中，那六英吋是無止盡的。

你一直被給予一個虛假的身分，因為真實的身分只有你自己可以發現。所以這不是任何人的錯；你不能歸罪父母、老師、社會或任何人。只是情況就是這樣。你也不需要負責，所以不用有罪惡感。不要讓別人有罪惡感，不要讓自己有罪惡感；這只是自然運作的方式。

你以一個虛假的身分開始，因為那是別人給你的，但慢慢的，越來越多虛構的東西加入。每個關於你的意見都變成了你。某人說你是美麗的，那不只是個意見，它變成你的一部分。如果很多人說你是美麗的，你會接受那個概念，那是令人滿足的。你很享受，你會誇大它。某人說你是有智慧的；你從不否認。你也許從未在生活中展現任何智慧，但是當某人說：「你是如此有智慧，」你不會否定。那是如此令人滿足，如此大的安慰。你會想做某些事去維持這個虛構的，因為它需要養分。

這是個奇怪的現象。你愛一個女人，在蜜月前，你告訴她：「妳是世界上最美的女人。」她甚至沒質疑：「你又沒看過全世界的女人，怎能這麼說？」但那是如此甜美…誰在乎邏輯、理智和合理性？你給了她一個虛構的東西；現在她必須持續被餵養那個虛構的東西。

有個人殺了冷氣機裡面的兩隻蒼蠅。不知道牠們怎麼進入的…最後，他殺了牠們，並告訴妻子：「我殺了牠們，一隻是公的，一隻是母的。」

妻子說：「你在說什麼？怎麼知道哪隻蒼蠅是母的？」

他說：「簡單。牠在鏡子前面坐了三小時；只有母的才能做到。公的則在看報紙。我無法用別的方式認出，但我可以從牠們的行為得到暗示。她在鏡子前面坐了三小時，從這邊看到那邊。另一隻看著同一份舊報紙，看了三小時。牠從上面看到下面後又從上面看到下面。」

每個虛構的東西都需要養分。那就是為什麼你想做某些事；只有這樣才能使你宣稱是某某人物。而且你想要做到最好，因為透過你的行為，你將會達到你的自我的極致。

畫家、詩人、演員或政治領導人——各種持有一定名譽或聲望的人——之所以非常自我主義並不是個巧合。

很難找到一個謙虛的詩人，如果詩人是謙虛的，他會創造出一本奧義書。但很少看到詩人是謙虛的。詩人不是一般人；他是非凡的。你無法做到他可以做到的。他的自我…雖然他是有創造力的，但由於他的自我，他的創造力仍是最低層次的、平庸的。

有時候如果太過自我，它會變成瘋狂的。

你可以在畢卡索和其它現代畫家的畫裡面看到瘋狂，因為他們的自我可以觸碰到星辰。自然的，當自我過度強大，那表示虛假的、虛構的部分會幾乎像真的。你已經完全忘掉真實的部分。如果你突然遇到自己的實相，你會認不出來。你只認得不真實的自己，我們稱為人格、自我、身分——你的某個分身。

那些無法用正當的手段滋養自我的人會試著使用不正當的手段。所以某人會成為最偉大的小偷。問題不在於他是小偷或聖人；是小偷或聖人並不重要。重要的是最偉大的。

還有兩者都做不到的——無論用正當或不正當的手段——只是平凡人、一般人；但他們也想要宣稱他們是某某人物，他們會找到比較容易的方式。

你可以做到。只要剪掉一半的鬍子——全孟買在三天內就會知道你。人們會開始要你的簽名和照片。人們一直在這麼做。

在歐洲，人們流行剪掉一半的鬍子和頭髮，不只剪掉，還染色——綠色、紅色或黃色——而且一半的頭部是完全沒頭髮的！他們不是笨蛋，只是一般人。但能怎麼辦？在這樣充滿競爭的世界，在各方面都需要很大的努力，否則你無法名列前茅⋯⋯

有一個蘇菲的故事，穆拉納斯魯丁去一個偉大的聖人那兒聽講，他坐在很後面。但他感到受傷——聖人坐在很高的椅子上⋯⋯

穆拉納斯魯丁開始對周圍的人講笑話，他的笑話很吸引人。人們開始不斷轉向後方。漸漸的，聖人發現每個人都背著他。他說：「怎麼回事？發生什麼事？你們來這兒是為了什麼？這個人是誰？」

納斯魯丁說：「我是穆拉納斯魯丁。跟我坐在哪兒無關；無論我坐在哪兒，那兒就是主席的位置。你想坐多高就坐多高，但只要納斯魯丁在這兒，沒人的地位可以高過他。」

納斯魯丁無法忍受這個人像國王一樣的坐在那兒。必須採取行動。這個情況是無法允許的。納斯魯丁只是講笑話就做到了。人們開始轉向他——大笑、咯咯的笑。慢慢的，全部的人都轉向他。只有聖人坐在那兒——在最後面！

納斯魯丁常教導人們，他是個蘇菲的師父；他有自己的門徒。有一次他們要去朝聖，當他們離開社區後，必須經過一個大城市。他對門徒說：「聽著，我不想要任何麻煩。無論發生什麼事在別人身上，那是他們的事。你們必須安靜的跟著我。」

他們說：「我們當然會跟著你。你為什麼對我們說這些？我們不在乎街道上的人和小販——他們做他們的事。我們和他們無關。」

他說：「你們無法…不管如何，你們不能做任何事。」門徒不了解會發生什麼事，但接下來他們知道了。

當穆拉納斯魯丁騎上驢子，他們都感到這將會是很大的麻煩——因為他面向後方。現在要跟著他…首先，他坐在驢子上，人們會知道他是你的師父。其次，他坐的方向錯了：他的背面應該是他的正面，正面應該是背面。

人們停止做生意，客人和小販開始聚集。每個人都在大笑，他們問：「這個人怎麼回事？每當他來到這個城市，就會帶來問題。現在他沒對任何人做任何事，所以你不能說：那是他的驢子，他有權利用他想要的方式坐著，但他為什麼這麼做？跟隨這樣的人，門徒們感到很尷尬。」

最後有個門徒鼓起勇氣問：「師父，請讓我們知道你為什麼這麼做？你變成笑柄，也使我們變成笑柄。」

納斯魯丁說：「我會讓你們知道我為什麼要朝著這個方向坐。但重要的是，納斯魯丁不能經過任何街道卻沒被認出來。」

連女回教徒都掀開面紗觀看發生了什麼事。聽到這件事的人都趕到現場觀看，所有手頭上的事都停下來了。

納斯魯丁說：「我喜愛這麼做。這就是真正的原因。另一個原因是如果我坐的方向是正常的，我的背會面對你們的臉。那是個侮辱。我是個師父，不是一般的老師；我不能侮辱我的門徒。」

「有一個避免這個情況的辦法，就是門徒走在我前面，但這樣門徒的背就會朝著我。這更糟糕。門徒在侮辱師父；這是不被允許的。現在告訴我，我該怎麼做？唯一的解決辦法就是我面對你們，你們也面對我。我沒侮辱你，你也沒侮辱我。」

「至於驢子，牠是完全不在意的；我怎麼坐都不重要。牠是個哲學家。牠不會在乎——我怎麼坐是我的問題。牠得背著重物；重量是一樣的。這是哲學上的理由，但這只適合笨蛋。真正的原因是我剛說的：無論納斯魯丁到了哪兒，都得被視為特別的人。」

你想要做某件事或成為某某人物，但你問為什麼人會害怕成為無足輕重的人。那是因為你不知道無足輕重的人的黑暗並不是死亡，而是真正的生命。那是你真正的生命，那是你出生時的狀態——沒有任何名字、種姓、宗教和國家。

你出生時，誰也不是，當你死了，仍是誰也不是。

在這兩者之間，你仍然誰也不是，是你在欺騙自己：你是這個、你是那個。

由於整個社會是由這樣的人組成的——他們都處於同樣的共謀——我們都在互相欺騙，因為我們想被別人欺騙。我們對人們說：「你是偉大的」，因為我們想要聽他們說：「你是偉大的。」

當我在大學念書時，有個教授對我說：他知道我會是個麻煩，他想要聯繫我，在他的課開始前建立友誼。我在花園跟他見面，他說：「你是個很有智慧的人。」

我說：「停止胡說八道。你怎麼知道我是有智慧的人？這是你第一次見到我；沒看過我做任何事。但有件事是我能說的，就是你是愚蠢的。」

他說：「但我是大學教授，你將要成為我的學生。你應該學點禮節。」

我說：「如果我是有智慧的，那就是足夠的禮節了。如果你是愚蠢的，你才得學點禮節。

你為什麼要聯繫我？我可以從你的眼中看出恐懼，我可以感覺你在發抖。只要低頭看看你的長褲——它在抖動。」他看了，雖然長褲並未抖動。

我說：「這證明了一件事。長褲比你還勇敢！你低頭看了！你相信了，因為你知道內心深處，你在發抖，也許長褲也在抖動。」但長褲並不知道恐懼。

他說：「你真奇怪⋯你將要成為我的學生！」

我說：「不用擔心。任何要當我教授的人都將會陷入麻煩。你只要休息和放鬆，上課前做好準備。做些運動。做些倒立讓頭可以得到一點養分。」

他說：「我的天，我什麼都還沒說，你就已經在轟炸我了！」

我說：「當你毫無理由的說：『你是個很有智慧的人』，你就已經說了一切。我至少可以了解：你在賄賂。而我不接受賄賂。」

但每個人都會接受。這是整個社會的共識：「如果你說我們的好話，我們就說你的好話。」

當某人死了，全世界的每個社會的習俗和傳統都是不說死人的壞話。你會想這可能是文化上的觀點；但它不是。不說死人的壞話其實是因為恐懼。在過去，人們認為人死後會變成鬼魂——「它聽得見，它在周遭；不要說它的壞話。」如果他活著，那還有可能和他對抗；現在它是個鬼，你無法做什麼。

某個村子就遇到這樣的問題。有個政客死了。他是個很狡猾精明的政客，全村的人都很討厭他。大家都知道沒有比他更糟的人：他是最貪腐的人。但現在得說他的好話。

村子裡的長者彼此對望──「你來說」──因為他沒有任何可以讚美的。他們知道他的一生；沒做過好事。最後某個年輕人站起來說：「這個人有五個兄弟。和其它四個人相比，他是個天使。」

剩下的四個人是更糟的──這個年輕人說了他的好話。

人們互相彼此談論和灌輸想法。你必須做點事才能被談論或得獎，得到諾貝爾獎。我有一個桑雅士是諾貝爾獎得主。他對我說：「我對諾貝爾獎沒興趣。我在意的是只有諾貝爾獎得主可以為諾貝爾獎提名，我想要提名你。那是我唯一想要的。如果我可以得到諾貝爾獎，那我就能提名你了。」

當他得到諾貝爾獎，他當天立刻和諾貝爾獎的審查委員會主席商談，給他一些我的書並說：「如果這個人沒得到諾貝爾獎，那對諾貝爾獎會是個侮辱。」

主席靠近他耳邊悄悄說：「永遠不要在委員會中提到這個人的名字。雖然你是得主，你可以提名他，但你永遠拿不到票數。沒人會支持他。我看過這些書，而且很可能每個諾貝爾獎得主都看過這些書，但沒人會提名他。和他扯上關係是危險的，尤其提名他是更危險的。」

他很震驚。他對我說：「我無法相信我聽到的。成為諾貝爾經濟獎得主的喜悅都消失了。這純粹是政治；得主的特質並不重要。重要的是如何影響政治的氛圍。」那個主席對我說：「那個人是危險的。你不該提名他；否則你會被譴責。」

所以人持續積攢虛假的事物。那就是為什麼你想要做某件特別的事。幾千年來，人們一直在這樣做。

某個人赤裸的站在冬天的路上，下雪的天氣，然後他變成家喻戶曉的。我認識一個常站在河裡的人，水位到了他的脖子；他破了紀錄——他在那兒連續站了三天。我問他：「但這有什麼意義？世界會因為你在河裡連續站了三天而更好嗎？這樣有使世界更美麗嗎？更多采多姿嗎？你這樣做有為世界帶來一點歌聲或舞動嗎？」

他說：「誰在乎世界？就我而言，我是這一帶最有名的人，那是我的目的。」

在安拉阿巴德，每十二年會有一個大集會，也許是世界上最大的集會，大壺節。無數赤裸的印度教僧侶一起往恆河走。占星家會決定正確的時刻，他們會進入恆河；他們必須是第一批。

我很驚訝——因為這些赤裸的印度教僧侶在集會後就不見了。我一直在找尋他們去哪兒了，我知道後很驚訝。他們住在廟裡或修行所，但他們在那兒會穿衣服。赤裸的走進恆河只是因為依照習俗，赤裸的僧侶可以第一個進入恆河。很聰明：一整年都穿著衣服，那時沒人在意他們。但當他們赤裸的跟著隊伍行進，人們會向他們下跪。無數人想要向他們頂禮，至少觸碰到他們經過的土地。連泥土都變成神聖的。

這些人有什麼貢獻？他們有讓世界變更好嗎？他們為什麼被認可？——只是因為一個愚蠢的行為：赤裸的站著。只因為你無法赤裸的站著；你感到有點羞愧。他們才是專家。他們在每次集會時這麼做；那是他們的工作。但你可以看出來他們是最平庸普通的人。

你想要做某件事，那會帶來評論，無論好壞。那給你一種身分感；你害怕自己沒有任何身分。

這是走向最終旅程、走向你的自己的最重要的一步：拋棄虛假的身分，帶著信任進入黑暗。在生命中每件重要的事上，你都是信任自然的，奇怪的是——你無法信任這件小事。

我認識一個無法睡覺的人，因為他怕睡著後呼吸會停止，全家人都試著說服他：「別傻了。我們睡著都沒事。」

他說：「我知道，但我怕如果呼吸停止，我將有很多事無法去做了。」

他的父母把他帶來見我，他們說：「這個笨蛋有個怪念頭，沒有人會有的念頭！他無法睡著；他會坐著。他影響到全家人的生活，因為你無法整晚靜靜的坐著。所以他會做這個和那個；他會開窗或開門。不讓任何人睡著。事實上，那是開窗和開門的目的。他會把每個人逼瘋。但我們不知道如何說服他。他說如果呼吸停止怎麼辦…？」

我對那個人說：「你是對的，但我想問你：萬一你在清醒時停止呼吸，你能做什麼？你會在哪兒？當呼吸停止，你將無法做任何事。」

他說：「我沒想到這點。你說的沒錯。」

「現在，」我說：「你要做什麼？你無法睡覺也無法清醒；你在任一情況下都可能會有同樣的問題。所以只要保持自然。當呼吸停止，就停止了。你是無能為力的。」

他說：「沒錯。我知道了；這是無意義的，自找麻煩。」

你相信和信任，你完全信賴存在。你每晚睡覺都不會擔心呼吸是否會停止。呼吸是看得見的——但你的血液循環、心跳和消化功能——不是你能控制的。一旦你吞了某個東西，你就無法做任何事；存在會接管。你的生命中每件重要的事，你都是完全依賴和信任存在的。而這個微不足道的——別人創造出來包圍你的虛假人格——你卻無法脫離它。

這是一個簡單的理解：你終究得脫離這個身分，你終究得經歷一個毫無身分的旅程。那時你才能發現你真正的自己——那不是個身分，而是你的實相。發現它就發現了所有值得發現的。

但你得冒點險——而且那不是很大的危險。那些只是借來的想法⋯

我常和一個教授聊天。他不相信我說人格都是借來的。他是個健康的人。還活著，是個退休老人。我說：「我會證明它。」

我去找他妻子：「你得幫我一個忙，一個小忙。」

她說：「什麼事？」

我說：「當羅伊教授早上起床後，你對他說的第一句話必須是：『怎麼回事？你為什麼看起來臉色蒼白？』然後記住他的回答。最好是寫下來，以免忘記。我想要正確無誤。」

我對園丁說：「當他出來，你只要放下工作對他說：『怎麼回事？你看起來很虛弱，我以為你快跌倒了。你昨晚睡不好嗎？你好像感冒了。』

園丁說：「但如果他沒感冒…他會要我不用再來了！」
「不用擔心。我保證你會被加薪，只要照我說的做。」
教授的妻子也在那兒，她說：「他是對的。你不用擔心；你只要照他說的做。」
我對他說：「無論教授說了什麼，把他說的一切寫在這張紙上。」
然後我去了附近的郵局，教授常去那兒找局長——他們是好朋友，都是孟加拉人——從郵局到學校幾乎有一英哩。他常用走的；他喜歡走路。
然後我對在學校外的工人說：「你必須把他抱起來。」他有摔角手的體格；我說：「你只要把他抱起來，然後把他放在長椅上。」
他說：「你在說什麼？你瘋了嗎？我有妻兒和年老的父母要養。這種事…而且這樣做的目的是什麼？」
我說：「不用擔心。他會處於一個你必須這樣做的情況。」
他說：「但你怎麼知道？」
我說：「不用擔心，這是你不知道的。我稍後會向你解釋一切。我保證不會發生任何壞事在你身上。」
他說：「但你的保證沒有意義——你可能明天就改變主意了！你是個奇怪的人。你要我對教授做這種事，那像是摔角比賽——因為如果我強迫把他放在長椅上，他會抵抗。如果他抵抗，我不會理會他；我是個很容易生氣的人。如果他打了我，我也會打他。」

我說：「無論發生任何事，讓它發生，因為我知道他無法打你。他處於感冒的狀態，他將不會聽從他的妻子、朋友或任何人。他會蹣跚的來到。如果他倒在地上造成骨折；那時你要負責。」

他說：「不，我不想要他骨折。」

「那麼，」我說：「你得立刻抱起他。無論他說什麼，記住——這張紙……當你把他放在辦公室裡面的長椅上，你要寫下他說的話，我稍後會來拿這張紙。」

和他講完話後，我開始收集那些紙張。教授對妻子說：「蒼白？妳一定瘋了。我睡了一個很棒的覺，我是百分之百健康的。妳的眼睛一定出問題了；妳得去看醫生。蒼白？——我一直懷疑妳需要眼鏡。」

他從家裡走出來後，園丁扶著他說：「主人，怎麼回事？你的身體很燙，你感冒了。你昨晚有睡嗎？如果我沒扶著你，你就跌倒了。」

他說：「我無法睡整晚。沒錯，我身體很燙。但我得去學校，因為我從未請假過。所以我至少得去通知院長，然後讓他開車送我回家。我無法走完一哩，但我得過去。」

當他遇到郵政局長，局長說：「羅伊先生，你似乎老了十歲。怎麼回事？」

羅伊教授說：「我不知道怎麼回事。確實有某件事發生了。我生我妻子的氣；她是對的。我看起來如何？」

局長說：「就像個鬼魂，非常蒼白。」

他說：「我的天！我該去學校嗎？」

局長說：「那是你的出席率。你維持了一生的出席率——不要打破它，去吧。你可以做到的。但我不確定你是否能走回家。如果你可以再走一英哩，那會是偉大的成就。但我不確定你是否能做到。」

你可以看到他走路的樣子像個醉漢。

他經過了幾個地方，和遇到的人有類似的交談。當他抵達學校，學校的工人把他抱了起來。他說：「你在做什麼？」

工人說：「我在做什麼？我在做我該做的——躺下來！」

他立刻聽從工人的指示：「閉上眼睛，我會放一塊泡過水的毛巾。你發燒了——至少有四十二度。」

教授說：「你是對的。我看到一些從未看過的景象。似乎精神錯亂了。當發燒的溫度超過四十度就會如此。」而工人說他已經發燒到四十二度，沒人知道四十二度會如何！

然後我出現了，拿著所有的紙張對教授說：「請看看這些紙張的內容。」

他說：「現在不是時候⋯⋯再等一會兒。如果你有話要說，那時再說；或者把你的手放在我的頭上，坐在我旁邊——但不要提到這些紙張。它們是什麼？」

我說：「你不了解；這些不是考卷。是我跟在你後面收集的紙張。」

他立刻坐了起來。他說：「那是什麼？」

我拿給他們看：「你對妻子說你沒生病。你說你睡得很好，百分之百健康的，你懷疑她的眼睛有問題，要她去看醫生。這些紙張是你說的話，結論是——你躺在這張長椅上。但為了什麼？」

然後他真的感冒了！我說：「我會帶你回家。但那只是因為你的堅持，所以我得證明人的頭腦是別人的意見組成的。」

人們只是因為別人的意見而死去；也可以只是因為別人的意見而活得很久。我們是如此虛假。

這不是我們的實相。

鼓起勇氣離開構成你這一生的意見叢林。只要去走你必須去走的路，至少一個片刻保持是沒有身分的——然後你會是一切，你就是每個人。那個成為一切的自由，永恆的、宇宙般的：那就是所有真誠的求道者的目標。

奧修，在觀照的課程中，我是個初學者。每當我聽你談論觀照和觀察，某部分的我就感到興奮和喜悅，一個巨大的「啊！」就會出現。我最近聽到你談論看著觀照。然而在一天當中，只要有幾個片刻能看著手、身體或稍微和我的思想和情緒有點距離，只是這樣就讓我感到快樂和喜悅。是否可以請你從最基礎的開始？

觀照沒有基礎或進階的分別。它是個簡單的現象；只有一個步驟。一個過程。

你可以看著身體，那個看是一樣的。你可以看著頭腦——客體不一樣，但那個看是一樣的。你可以看著情緒——客體改變了，但看的過程是一樣的。你可以看著看者——一個很大的量子跳躍，但主體仍是一樣的，只有客體改變了。

現在看被當成了客體。你來到看之外；你可以看著它。但你無法離開它。你已經來到你的內在最深處的核心。

所以你是完全正確的，享受它，在它裡面慶祝。越來越多的寧靜將會來到，越來越多的喜樂和祝福。就獎勵而言，它是沒有盡頭的，因為一路上都是它們。從開始到結束，每一步都帶來一個新的空間——但都是相同的一步。

一千哩的旅程靠簡單的步驟就走完了，一個步驟。你無法同時用兩個步驟。只要一步接一步，一步就能延伸到一萬英哩，或無止盡的延伸。

看是簡單的步驟。沒有剛入門的人或初學者的分別；沒有外行人或專家的分別。每個人都在路上，一直在路上。

你的方向是完全正確的。只要繼續下去。

奧修，在這些愛和感激的難得片刻，我內在的每個慾望都停止了，我感覺我是完整的。

你是否可以談談愛和感激如何使我的頭腦停止欲求？

你是一股能量。

這是一個要記住的基本要點。在很多令人懷疑、懸而未決的片刻中，它會有幫助。

有個人去找朱奈德，一個蘇菲神秘家，並問他：「你怎麼看待預先宿命、命運和人的自由？人可以自由的做任何他想做的事嗎？或者他只是個被操縱的傀儡？只會跳著被要求跳的舞？」

朱奈德是其中一個美麗的神秘家。他對那個人大喊：「抬起一隻腳！」

那個人是個很富有的人；朱奈德很清楚。所有門徒，整個學校都知道——但他大聲粗魯的喊叫：「抬起一隻腳！」那個富人從未聽從任何人的命令；他來這兒不是要聽從任何人的。他無法理解這句話跟他的問題有什麼關係。但當你面對一個像朱奈德這樣的人，你得聽他的。

他抬起了右腳。

朱奈德說：「不夠。另一隻腳也抬起來。」

現在富人感到困惑和憤怒。他說：「你的要求是荒謬的！我提出了一個哲學性的問題——你沒有回答。還要我抬腳，我抬了右腳。現在你要我抬起另一隻腳。你到底想怎樣？我怎麼可能同時抬起兩隻腳？」

朱奈德說：「那就坐下。你知道答案了嗎？」

富人說：「你還沒給我答案。反而要我做這些動作！」

朱奈德說：「你要了解：當我說抬起一隻腳。你可以選擇右腳或左腳。沒人為你決定，那是你決定要抬起右腳。當你選擇右腳後，你就無法再選擇左腳。是你的自由造成你的束縛。現在你的左腳被束縛了。」

人是一半自由一半被束縛的，但他一開始是自由的。

那是人的自由，他如何使用自由會決定他的束縛。沒有人坐在你的頭腦裡面填鴨你或畫你的掌紋。做著畫掌紋的蠢事，即使全能的神也會疲累。而且有這麼多人…對人們說他將會成為誰，他會在哪兒出生，他何時會死，會生什麼病，哪個醫生會害死他。這麼詳細！

做這些工作，即使神也會發瘋——只要想想你自己，如果你得做這種工作，毫無原因的——或者祂會自殺。即使祂發瘋了，還是得做祂的工作；所以當祂在創造人類時，一定有幾天是發瘋的，然後祂自殺了——因為祂不想要看到世界因為核武而毀滅。但是是祂讓你創造核武的；祂要負責。

事實上沒人要負責，因為神不存在。

這是我們推卸責任的策略。

你是自由的，但每個自由的行為都帶來責任——那是你的束縛。可以把它稱為束縛，雖然不是個美麗的字，或把它稱為責任。那是我用的字。

你選擇某個行為——那是你的自由——但後果是你要承擔的。

我反對克理虛納的想法；他在薄伽梵歌對阿朱那說：「只有行為是你可以控制的，結果則是神控制的。」這種分別是完全不合邏輯的、荒謬的。行為是你控制的，結果則是神控制的：這是很狡詐的。這是教士的計謀。

事實很單純，行為是你控制的，責任是你要承擔的。行為和它的結果，因和果，是彼此相關的；你無法把它們分開。

但克理虛納為什麼要把它們分開？——他只是在幫教士說話。數千年來，教士一直要面對一個他們無法解決的簡單問題。他們看到犯人或罪人變得很成功和富有。他們看到單純天真的人被剝削和壓榨，但宗教仍然說：「成為天真的、單純的。」問題來了：如果天真和單純一直沒被獎賞，只有腐敗、殘忍和暴力的人被獎賞，那為什麼要成為天真單純的？為了避開這個問題，他們得創造一個虛假的思想體系：因為他們前世的行為而能享受成功和名望；現在神在獎賞他們。

但神為什麼如此懶散糟糕？似乎存在某種印度的官僚政治以便你的檔案可以從這一世帶到另一世。如果這是真的，那一定也存在著賄賂；只要一百盧比就能拿到檔案，然後壞人就能上天堂，可憐天真的人如果沒有一百盧比則會下地獄。你得私底下動手腳，否則拿不到檔案。那依你有多少盧比決定——否則為什麼要花這麼長的時間？不，存在中的一切都是立即發生的。

我完全認同科學的想法，因和果是一起發生的。就原因而言，你是自由的。但你要記得：

結果是你的行為決定的。事實上，就結果而言，你也是自由的；那是因為你的自由而有的結果。

用非常簡單、非神學的角度來看待生命，你會驚訝：不會有任何問題。它是個神秘，但不是個問題。問題是可以解決的；神秘是可以被經歷過但永遠無法被解答的。靜心就是探索神秘——不是解釋或找答案，而是探索…慢慢的融化在它裡面，只是一個消失在大海裡的漣漪；這個消失是唯一我知道的宗教性。其它都是胡扯。

聽我講話不該只是聽；要飲用它。

那時才可能了解。一旦它變成你的了解，無論你是否有跟我在一起，它都會一直跟著你。然後無論你在哪兒——坐在海邊、樹下或星空下——它都會跟著你。

我所有的努力就是讓你經驗到，然後它就會在你的內在中開始成長，使你是完整的。那就是你的感覺，聽我講話，感受到愛、寧靜和完整；一切是完美的。然後所有的慾望都消失了，因為不需要它們了。一旦你是完整的，還有什麼需要的？慾望一直是因為不完整而產生的。你所有的能量是如此充滿和滿足以致於不需要任何東西。

世界上只有兩種人：乞丐和皇帝。那些活在慾望中的人是乞丐；那些活在完整中的人——寧靜的、平和的、充滿愛的——是皇帝。

奧修，我上次在普那看到你的時候，你對我微笑，給了我無法忘記的一瞥。不知為什麼，我知道那會是我最後一次看到你。我準備要過著沒有你在旁邊的生活，準備過著沒有你的晨間講道的生活，但那個微笑…噢，奧修！在那一刻，我的心被一生中最難以忍受的痛苦釘上了十字架，我心想：「我的天，我可以過著沒有他的生活，但我要如何過著沒有這個笑容的生活？我做不到，我沒有它就會死！」在我最痛苦的時候，突然聽到內心的聲音。像是你在說：「只是看！如果你可以只是看，你會了解所有的存在一直用同樣的方式對你微笑，完全一樣的方式！」這幾年來，每早、每晚，我一直對自己悄悄說著這個秘密，但現在我想大聲說出來。你是否可以允許我揭露這個秘密，這個我永遠都要感激的師父給我的禮物。

不需要問我。

你的詢問是體貼的，但當這個想大聲說出來的渴望來到，不要等待，甚至不用徵求我的同意。只要說出來——因為那不是你的或我的；它是屬於整個存在的。

第十二章

成為個體需要最大的勇氣

鍾愛的奧修，為什麼生命對我而言一直是件很嚴肅的事，而不是你說的應該要快樂的生活、享受和慶祝？

你的生命從一開始就被錯誤的人所控制。

我必須提到發問者的背景，否則別人很難了解這個問題的答案。發問者是個年老的政客。擔任過三屆的國會議員，他是尼赫魯的一個密友，也是甘地的跟隨者。他為了自由奉獻了一生。但從未深入了解自己的存在；他太在乎國家的自由。以致於沒時間想到還有更高層次的自由，自己的自由。

他在年紀已經很大了才來找我。但甘地的思想已經造成他很深的制約，那是他痛苦的根本原因。

甘地和他的哲學顯示了過去的宗教人士是嚴肅的、悲傷的、憂煩的、受苦的。過去的宗教把地球上的生活當成懲罰；你被囚禁在這兒。因為你前世的惡行，這一世才來到這兒受苦，一種懲罰。

當生命被當成一種懲罰，一個人怎麼會喜悅？唯一擺脫這種痛苦的方式就是離開生命；因此所有宗教都是否定生命的。

甘地是過去這堆垃圾的代表：人必須和生命對抗。和使你產生渴望、使生命美麗和喜悅的一切對抗——因為這個對生命中的一切渴望必須摧毀。當你反對生命中的一切，這樣就不會欲求來世了。你會渴望擺脫身體的束縛：那你怎會喜愛你的身體？怎會喜愛游泳？——身體是敵人。你怎會享受愛？——身體是個束縛。你怎會享受食物？你必須根除所有身體的享受和享受別人的身體的可能性。

世界是物質構成的。你必須避免愛上它：美麗的日落；那是唯物主義的，因為它是物質。對玫瑰花的喜愛是反宗教的。喜愛任何東西是危險的，因為那會使你深入生命，而你是要擺脫它的。

因此所有宗教的教導都透過不同的偽裝去切除你的喜悅、愉悅和喜樂。

發問者是個犧牲者，如同世界上的其他人一樣。一方面，他被告知要反對生命；那是過去的棄世觀、放棄俗世和它帶來的喜悅。另一方面，他被告知為了國家和人民的自由要犧牲自己。考慮自己和靜心是自私的：「你應該為人民著想，如何讓人民安康，如何讓人民獲得自由。」

你應該為人民著想，永遠不要考慮自己：那是理想的宗教人士和聖人。對我而言則是蠢人——因為一個不喜悅的、不是靜心的、不平和的、沒有洋溢著愛的人，不會對任何人有幫助。你沒有的東西是無法給別人的。你是空虛的，卻試著使別人滿足。他們是空虛的，卻試著使別人滿足。沒人知道什麼是滿足。

旅程從自己開始；你必須先達成自己。然後就不需任何人教你：「去分享。」一旦你達成了，你是氾濫洋溢的；分享會是自發性的，它會自行發生。

當你的心充滿了歌聲，它會迸發而唱出。當你開花了，你的芬芳一定會觸碰到別人；你無法阻止。

我教導自私，因為除非你是自私的，否則你永遠不會對世界上的任何人有幫助。所有利他的教導都是沒有用的、無意義的，因為傳達這些教導的人自己是空虛的。

例如耶穌說：「愛你的敵人如同愛你自己」——但沒人在乎你是否愛自己。敵人應該是其次要在意的；第一件事是先愛你自己。如果你不愛自己，你要如何愛敵人？——你甚至無法愛朋友。你不知道愛是什麼意思。那是個無意義的字。你聽過它，所以你覺得你了解它，但你沒經驗過它；而沒有經驗就不會有了解。

耶穌堅持：「愛你的敵人如同愛你自己」，但在他的福音書中，他完全忘記要告訴人們：「愛你自己。」那就是利己。

那就是我教導的：非常愛自己以致於愛在你裡面洋溢著。首先，它自然會碰觸到你周圍的人——朋友、愛人和鄰居——最後，那會是成功和高潮，也就是你的愛碰觸到敵人，像波浪一樣散播開來。當敵人被你的愛淹沒，你的愛就已經觸碰到一切——但必須先從你存在的中心開始。

發問者的不幸在於他受到甘地思想的影響。

甘地從未愛過自己。甘地從未愛過任何人；由於他的思想體系，他做不到。那是無法想像到的。

例如，他的思想體系是如此重要以致於他準備犧牲一切：他是高等種姓的印度教徒。他的妻子是沒受過教育的，有件事是她做不到的：打掃廁所。現代的西方廁所是另一回事，任何人都能打掃；但印度的廁所真的是懲罰。對一個沒受過教育的女孩而言，她一直被告知這個工作只能首陀羅來做……

印度教創造了一個不能碰觸的種姓，首陀羅。因為他們的工作都是骯髒的，所以他們也變成骯髒的，如此骯髒以致於連他們的影子都不能碰到。如果一個首陀羅經過你身邊，他的影子碰到你，經典說要立刻沐浴。影子並不存在——但那個可憐的卡斯圖巴，甘地的妻子，也接受了同樣的制約。甘地強迫每個人；必須輪流打掃廁所。

卡斯圖巴已經有九個月的身孕，某晚她拒絕了。甘地很憤怒，把她趕出去，關上門，對她說除非她準備打掃廁所，否則她不能進來。

這個思想體系，愚蠢的思想體系……如果妻子不願意，他自己可以打掃。如果他愛他的妻子，他會說：「不用擔心，我來打掃。」不，他不願打掃；妻子必須打掃。沒考慮到她快要生了，在半夜把她趕出去。那兒是南非的約翰尼斯堡。她不懂英文，她只會古吉拉特語。所以她甚至無法請求任何人或和他們交談。在如此無助的情況下…而且甘地說除非她打掃廁所，才讓她進屋子。大半夜的，她只好答應打掃廁所，然後甘地才讓她進屋子。

他的思想體系是重於一切的。

他最大的兒子，哈里達斯，想要唸書。甘地反對學校；任何現代的東西。他的歷史停留在紡車的時代；在那個時代過後的世界所發生的一切都是錯的，都是惡魔的傑作。

哈里達斯真的是一個很聰明的人。我和他見過面。他說：「我和父親辯論：你知道的一切都是因為你受的教育。沒受過教育，你根本無法和大英帝國對抗。信任我，我是你的兒子，這個教育不會使我腐化。」

但甘地說：「我說過了，我的小孩不能在這個腐化的教育體系下接受教育。」

為了接受教育，哈里達斯離家出走，住在叔叔家。由於他沒聽從甘地…愛裡面從不會有像服從這樣醜陋的東西，因為服從的意思是強迫某人被奴役。愛會給予自由。

沒人能說哈里達斯這樣做是錯的；他只是想要唸書。但甘地對卡斯圖巴和所有的小孩說：「這個家庭和哈里達斯的關係結束了。如果他想進來，把門關起來；他對我而言已經死了。」

當哈里達斯從大學畢業後，他想要回來跪在父親面前請求他的原諒。他希望一個談論非暴力、愛和慈悲的人會原諒他。而且他並沒犯任何罪；只是不聽從父親的命令，理智上而言，他感覺甘地的命令是錯的。那個命令是錯的，邏輯上，他的不服從才是對的。他沒有被腐化或犯錯；反而變得更有智慧、機敏和理智。教育沒有造成任何傷害。他變成更像個個體。

但也許沒有任何父親想要小孩變成個體。父親的自我會想要小孩服從，像複印紙。

哈里達斯發現門被關上了——當他們看到他要進來，就把門關了起來。甘地說：「當我死了⋯⋯」印度的習俗是長子要負責點燃放著父親的屍體的火葬堆。哈里達斯是長子。現在你可以看到甘地的報復——所有關於非暴力、愛和慈悲的胡扯——那個報復心是如此重，他甚至想到死後：「當我死了，你們不能讓哈里達斯點燃火葬堆。我已經和他斷絕關係了，他不再是我的兒子。」

甘地從未愛過自己。他盡可能的折磨自己。

當人們以靈性或宗教名義折磨自己，沒人會認為他是錯的。如果你不是因為宗教或靈性而禁食，人們會以為你瘋了。你必須被治療，因為如果身體是健康的、頭腦是健康的，就會需要食物。那是每天需要的。如果某個人開始享受餓肚子，心理醫生會說：「他是受虐狂；喜歡折磨自己。他在想辦法折磨自己。」

如果你了解心理學，你們百分之九十九的聖人都會被當成受虐狂，他們在做什麼？有的人禁食；有的人站立了好幾年，從不坐下；有的人倒立；有的人在山上赤裸的站立了一整年，即使是冬天或下雪——而人們會膜拜他。事實上，這些人應該被治療；他們病了。但他們會找藉口，合理化自己的疾病。

例如，甘地說要持續禁食到死。原因是他的秘書愛上某個女孩。奇怪…如果他戀愛了，是他會受苦——你為什麼跟著受苦？似乎沒有因果關係。為什麼跟甘地有關？但他的修行所規定不能談戀愛。愛每個人，但不能戀愛。奇怪…

所以愛只是一個字；沒有任何意義。每個人持續說：「我愛妳」——但卻沒那個意思！如果你這麼做，甘地會禁食到死：「他是認真的」——他自己的秘書！那個秘書和女孩很尷尬，女孩也在裡面修行。每個人都譴責他們：「你們使甘地受苦。」

他們說：「我們沒對他做任何事。」他們坐在他旁邊按摩他的腳——「原諒我們。我們永遠不會做這樣的事。我們只會愛。但不戀愛，我們答應你。但請開始進食，否則人們會殺了我們。他們威脅我們：你們要負責。」

但你知道甘地的理由是什麼嗎？他說：「跟你們無關。我只是在淨化我的靈魂。因為我的秘書戀愛了，那表示我的靈魂不是純潔的。我裡面有某個地方是不純潔的；否則怎麼可能？無法想像——我的秘書，整天和我在一起。你們不該被懲罰，應該要懲罰我。我一定錯了；是我的靈魂的不純潔造成的。」

奇怪。那表示如果他是純潔的，全世界就不會發生任何戀愛事件。因為聖雄是如此純潔，你居然敢戀愛？愛會消失。是因為甘地的不純潔造成戀愛的！但愛情事件是如此多；那表示所有的聖雄和聖人都是不純潔的。

合理化…但他們無法隱藏事實。

發問者落入這些人的陷阱中。所以我只是讓他離開國會。我有個朋友安排了一個讓一些國會議員參加的小會議，他認為這是了解我的好機會。發問者也被邀請了，他也落入我的陷阱。但他不知道這是完全不同的陷阱。

他的一生都是甘地主義者——痛苦的、悲傷的、犧牲一切的、為別人而活的。和我在一起，他開始思考完全不同的事情——為自己而活、愛自己、探索自己的存在…因為對我而言，你的個體性是你的宇宙。先去探索它。

不要讓你的存在中有任何未探索的角落。只有那時，別人一直強迫你做的事情才會自行發生。我要你去愛很多人，我要你和很多人分享你的喜悅——但你得先擁有它。

你是個乞丐，卻嘗試要別人富有。

我想到…有個美國人。拿破崙希爾，寫過一本很美的書；他確實是其中一個還活著的最好的作家。書名是「思考致富」。當書的初版發行後，他站在出版商的店門口為書簽名。有一大群民眾。亨利福特也來了；他常常去書店找書。看到這麼多人和有人在簽名，他問：「這是什麼書？」

希爾說：「我很高興你的來到——我認識你，但你不認識我。我是拿破崙希爾，這是我的第一本書。它將會成為世界上其中一本最棒的暢銷書。」後來證明確實如此；那本書的銷售量僅次於聖經。

福特看著封面念出書名——思考致富。他仔細打量了希爾；希爾說：「有什麼問題嗎？」

他說：「不，沒問題。你開車來還是搭乘大眾運輸工具？」

希爾說：「但那和這本書無關。」

福特說：「它們是相關的。回答我：你開車來還是搭乘大眾運輸工具？」

他說：「我是搭公車來的。」

福特把書還給他並說：「當你有了自己的車，然後來找我。你連一輛車都沒有，卻寫了一本書：思考致富。那你這些年在做什麼？沒有思考？先思考一輛車——而且是福特的車！」

「你現在了解嗎？」他說：「這是否相關？一個說只是透過思考就能致富的人卻搭公車！這證明他的書不該賣到市面上。你是個騙子。當然這本書會大賣，因為有無數窮人想要只是思考就能致富。」

「但是沒這麼容易，只靠思考就能富有。你可以思考，但仍可能是貧窮的，你無法透過思考而變得富有——那不是你能控制的。你應該來找我，我來幫你上幾堂如何富有的課。」

福特是窮人出身。他靠自己的天賦致富。當他的兒子從大學畢業，他不讓他們擔任公司的重要職位。必須從頭開始，如同福特自己從頭開始；他一開始在工廠前面幫人擦鞋。

所以在福特的工廠前，他的兒子幫那些在父親的工廠工作的工人擦鞋。

他說：「從頭開始。你應該累積經驗。這個事業是你的，你會繼承它。但在你繼承它之前，你應該擁有創造它的能力。否則，你將無法維持它；這個帝國會消失。」

發問者過著分裂的生活。他過去是甘地主義者，現在則是完全不同的。過去是沉重的、漫長的；他努力試著擺脫它。他可以離開的，但會是費力的工作。他已經養成某種人格；現在他得拆除它，從頭開始。他已經過了六十歲，他害怕是否能做到，死亡會突然來到，他將會一事無成。

不用擔心。即使只有一個片刻沒受到制約的束縛——那些理智上你知道它們是錯誤的制約——一個片刻的自由就夠了；那等於永恆。所以不用擔心死亡，不用擔心時間不夠。時間是不需要的。

問題在於洞見，只要了解你過去的一生接受的一切都是錯誤的。只要了解：那是囚禁——然後你會發現自己突然擺脫它了。誰想要住在監獄？

我在這兒的所有努力就是帶著你離開你的監獄。你給了每個監獄不同的名字——印度教、回教、基督教、猶太教。世界上有三百個宗教，三百種不同的監獄，可以讓你選擇。很多人持續從這個監獄換到另一個監獄。在一開始，新的監獄看起來比較舒適，因為你還不知道那是腳鐐。你已經習慣不同監獄的舊腳鐐。在新的監獄，沒有那些東西；你以為這就是自由，但很快你就陷入新的束縛、新的腳鐐。

就像娶了一個女人後離婚，然後又娶了另一個女人。

有個男人結了八次婚。顯然，這發生在加州。但他很困惑，因為他一直換妻子，但兩、三個月後，同樣的問題又發生。不同的鼻子、臉、髮色、高度和外型——奇怪⋯不到三個月，同樣的問題又發生了。當他娶了第八個女人，第二天就發現這是之前娶過的女人。是第二個妻子！經過這麼長的時間，雙方都不一樣了，所以認不出彼此。他們在海灘上相遇，然後結婚。他開始思考，發現雖然換了不同的女人，但問題總是一樣。

問題不是更換男人或女人；問題不是更換思想體系或宗教信仰。問題是在於過著沒有任何思想體系、宗教和哲學的生活。當你離開監獄，不要又進入另一個。待在寬敞的天空。問題不在於娶某個女人、離婚、再娶。婚姻本身就是問題。

愛就夠了。愛擁有自由。

婚姻只是個合約，醜陋的制度；活在制度中就一定會是悲傷的、痛苦的。而且妻子會報復，因為你讓她進了監獄；你也會報復，因為她也讓你進了監獄。你是囚犯也是獄卒。這是奇怪的現象。雙方都在監視和觀察對方。雙方都是嫉妒的。雙方都試著支配對方。雙方都在摧毀所有愛可以給予的——喜悅、自由和友誼。

你有看過任何丈夫和妻子是朋友的嗎？

我看過無數對伴侶，沒有一個處於友誼的狀態。他們是親密的敵人——住在一起，對抗彼此。他們決定一起生活，一起死，同時持續騷擾彼此。

我們只是在改變表面上的部分。甘地主義者會變成共產主義者，不會有困難。共產主義者會變成法西斯主義者，不會有困難。但和我在一起則會有困難，因為我會把你拖出你的監獄，把你留在星辰下，敞開的。

你習慣待在屋簷下——無論有多痛苦，至少是個屋簷——而我把你留在星辰下、草地上、甚至沒有床墊！但你已經習慣躺在床上…

也許你不知道百分之九十九的人都死在床上！那是世界上最危險的地方——避開它！為了你的性命，當燈關上，立刻躺到地板上！

你已經很習慣你的痛苦。你很熟悉它們，以致於即使門打開了，你也不會走出去。我只能打開門。我要你自行離開，不是被我拖出來，因為拖著你進入自由是不可能的。拖著你進入奴役是可能的；但拖著你進入自由是不可能的，沒人可以做到。你必須靠自己走出來。

發問者現在很清楚，過去的一切是錯誤的，對他沒幫助。但仍然有某些執著。他只是理智上了解我，所以感到害怕——年紀很大了，死亡和過去根植的思想體系…但他得冒險。沒有辦法回頭了。所以你最好盡快冒險一跳。

奧修，你說過只有你的人會對你說「是」，但「是」和「不」不是同時來到的嗎？在說「是」之前，一個人不是會說好幾次「不」嗎？

這是一個很重要的問題。很多情況都有這樣的問題，幾乎生活中的每件事都有這樣的問題。

有兩種層面：一個是頭腦的層面，另一個是靜心的層面。靜心的層面是完全寧靜的。頭腦的層面則充滿二分性的思想。所以就頭腦而言，「是」總是會連結「不」。它們是同一枚硬幣的兩面。愛和恨連結，就如同白天連結了夜晚，生連結了死。在頭腦的層面，一切事物都是和其對立方連結的；你無法只要其中一者而不要另一者。這是我們一般的經驗。

但是在第二個層面，如果你可以超越頭腦——如果你可以超越頭腦的「是」和「不」、愛和恨——就會有一股寧靜與平和來到，一個極大的安寧。寧靜不會說「是」，但它是充滿「是」的，因為它是絕對正面的、肯定的；它是存在。

所以如果某個處於靜心狀態的人說「是」，那是沒有對立方和它連結的。如果某個處於靜心狀態的人談論愛，就沒有任何恨像影子般的跟著它。在靜心的層面發生的一切都是一，單一的，不是辯證的。

當你說「是」，那不是來自頭腦。如果它來自頭腦，我會直接討論這個問題，因為那會適合每個人。但它來自靜心的狀態。因為你的寧靜，它就像芬芳一樣的來到。沒有「不」的問題。

對我而言，回答問題是困難的，因為我比較是在回答發問的人，而不是問題。但對我而言，不可能單獨回答每個人，所以這是個設計。在問題被提出之前，我先看過發問者的名字——只是看看問題是誰提的，為了確認。如果是來自頭腦的，就沒問題，那就幾乎和每個人有關。

如果問題是來自靜心的，那我得指出發問者是誰。或者問題有其背景，沒有講清楚來龍去脈就無法了解，那我也會提到發問者的名字。否則我只會考慮問題，不提到發問者。不會是某個特別的人提問的，而是全人類的問題，一般的頭腦——或者說一般標準的瘋狂。

奧修，自從和你在一起，我開始越來越接受自己。但我也面對一個奇怪的現象：很多人譴責我、批評我，彷彿我接受自己的事實激怒了他們。我甚至沒談論它，人們為什麼感到冒犯和譴責我？

這是自然的。社會存在著一種強烈的期待——你的行為跟別人一樣。一旦你的行為有點不同，你就變成了陌生人，而人們很懼怕陌生人。

所以在每個地方，如果兩個人搭公車、坐火車或等公車時，他們無法安靜——因為安靜使他們變成陌生人。他們會立刻交談——「你是誰？你要去哪兒？你在做什麼工作？」這一類的……然後他們感到安心；你就跟他們一樣。

在孟買曾發生過。我準備要離開。當我進了車廂，火車就開動了，我的朋友來送我……所以我站在車門旁，直到月台離開了視線。有個人也在車廂。那是空調車廂，僅能容納兩個人。看到人群來送我，他心想：「這個人似乎是偉大的聖人。」

當我進了車廂，他立刻跪在地上親吻我的腳。我說：「等等！」但他沒理會我。我說：「你會後悔的！等一下！」

他說：「什麼？」他站了起來。

我說：「你不了解——我是回教徒。」我看那個人像是個婆羅門；他的額頭有婆羅門的標誌，聖線。天氣很熱，所以他沒戴上任何帽襟。我說：「我一直阻止…但你已經做了——你吻了回教徒的腳。」

他說：「不，不可能。」

我說：「由你決定，你可以安慰自己，對自己說我不是回教徒——我沒有差別。」我在那兒坐了一、兩分鐘。然後他問：「告訴我，你真的是回教徒嗎？」

我說：「百分之百的回教徒。」

他說：「我的天。現在我得沐浴。你為什麼不阻止我？」

我說：「我一直在阻止你，但你不理會。我甚至說你會後悔——不只是這一世，還有來世。沒有婆羅門這樣做過。」

他說：「你是對的，」他在流汗和發抖。

我說：「你去洗個澡；如果你知道哈努曼贊，就念誦它。」

他說：「你怎麼會知道哈努曼贊？」

我說：「你——我們晚點再討論。你先去沐浴。」

他一邊洗澡一邊大聲的念誦哈努曼贊。然後他進了車廂。我露出微笑說：「你這笨蛋。」

他說：「什麼？」

我說：「你看不出我不是回教徒嗎？」

他說：「不！你瘋了嗎？」他立刻衝上來觸碰我的腳。這次他只有觸碰，沒有親吻——為了保險起見：「這個人似乎很怪。」他說：「但你為什麼說你是回教徒？」

我說：「這是我的習慣——我能怎麼辦？我其實是回教徒，但只是習慣、舊習慣。」

他說：「其實是回教徒？那表示我得再去沐浴？」

我說：「你得洗很多次，因為這是我的舊習慣；我會不斷改變身分。」

他去沐浴，比上次更大聲的念誦哈努曼贊，洗得比上次久，然後回來……沒看我一眼。

我說：「那沒有效，因為你念誦的方式不對；第三段錯了。」

他說：「我的天，你怎麼知道？」

我說：「我是婆羅門，這是我的工作——教人們念誦哈努曼贊。」

他說：「我一直覺得哪裡不對，懷疑第三段出錯了；但你是個奇蹟。只是坐在這兒就知道了。」他再次觸碰。

我說：「你又犯了錯。」他沒有觸碰我的腳，他只敢觸碰地板。我說：「你已經有點覺知，但還不夠。」

他說：「什麼意思？」

我說：「經典上說即使只有磕頭也得去沐浴。如果你不想，不用擔心；我不會告訴任何人。畢竟我也不知道你是誰和要去哪兒。」

他說：「問題不在於告訴誰：神知道一切，我向回教徒磕頭。但這很奇怪。你是什麼樣的回教徒？知道哈努曼贊……」

我說：「這沒什麼。我家旁邊有一個供奉哈努曼的小寺廟，人們會來念誦哈努曼贊。我每天都會聽到，所以我知道哪裡是對的、哪裡不對；否則我不會在乎你的哈努曼，你可以念任何你想念的——對錯不重要。我看過狗對著哈努曼尿尿。」

他說：「我的天，你一定是回教徒。」

我說：「我對你說過很多次，我是回教徒。毫無疑問。」

他說：「我真的進退兩難。如果我又去沐浴……我會回來，事情又會改變。」

他把火車警察叫來：「我要換車廂。繼續待在這兒，明早就看不到我了——這個人會害死我！我從未遇過他創造出來的麻煩。」

警察說：「但他是好人，我認識他；他幾乎每天都要旅行。我每周都會碰到他一到兩次，在印度的某個地方。他是好人。我不認為他會造成你任何麻煩。」

我說：「我什麼都沒做。只是坐在這兒。無論發生什麼，是他造成的。他一下觸碰我的腳、一下親吻我的腳、一下觸碰地板。我什麼都沒做。我甚至還沒給他祝福。」

警察說：「你應該祝福他，如果他做了這麼多……」

我說：「他已經沐浴很多次…但如果你這麼說，我會祝福他。」

那個人說：「我什麼都不要！我只要換車廂。」

我說：「無論你要去哪兒，都會碰到我。你晚上會無法睡著！我會在午夜來觸碰你，然後你得去洗澡。警察無能為力，因為觸碰你沒有犯罪。我只是碰了你並說：「你還好嗎？」就這樣。」

最後他換了車廂。我說：「聽著…」

他說：「不要給我任何建議。」

我說：「那會對你有幫助。只要再觸碰我的腳，我會祝福你，這樣你就能好好的睡一覺。我不是回教徒；警察可以作證。」

警察說：「他不是回教徒。你多此一舉…誰說他是回教徒的？」

他說：「奇怪…是他說的。」

我說：「你沒有證人——我為什麼要說我是回教徒？問問警察；我有這樣做過嗎？」

他說：「沒有。他已經旅行了好幾年；這是第一次…你還好嗎？你是否神智不太清楚？」

那個人說：「他不是回教徒！那是誰一直對我這樣說的？」

我說：「我不知道是誰說的。我只是坐在這兒。」

他打量了整個車廂，彷彿有別人在這兒。他說：「不管如何，我要換車廂。」

到了午夜，我試著把他弄醒。他很努力不醒過來。我說：「聽著；這表示你是清醒的，因為我這樣做，任何睡著的人早就醒了。我一直用力打你的頭。」

他說：「你打得很用力，但我覺得最好還是讓你打，然後等你離開，下半夜就沒事了！現在我醒了。你想要怎樣？」

我說：「沒事。我只是來看看你。有任何回教徒騷擾你嗎？」

人們一直想待在適合他們的人群中。一旦你有不同的行為，所有人會覺得奇怪；某個地方出錯了。

你的情況是你變得更好——越來越安定、平靜和接受自己。而且你沒告訴任何人。但並不需要說出來。人們認識你，他們會察覺到改變。他們認識的是沒有接受自己的你，現在他們突然發現你接受自己了。

在這個社會，沒人接受自己。每個人都在譴責自己。

這是社會的生活模式：譴責你自己。而你沒有譴責自己，你在接受自己；你已經遠離社會。但社會不允許任何人離開，因為它依賴數量而存續；那是政治上的考量。當人數很多，人們會感覺良好。龐大的人數使人們覺得自己對的——不可能有錯，無數人都站在他們這一邊。

一旦他們被單獨留下，就會產生很大的懷疑：沒人站在我這邊。怎麼知道我是對的？

所以我才說在這個世界，成為個體需要最大的勇氣。

要成為個體，讓人毫無恐懼的基礎是需要的：「無論全世界怎麼反對我並不重要。重要的是我自己的經驗。我不在意人數，我不在意有多少人站在我這邊。我只在意自己的經驗——我是否只是像鸚鵡一樣的重複某個人的話語，或者我說的話是我自己的經驗。如果是我的經驗，那會是我的一部分，即使全世界站在另一邊，但我仍然是對的，他們是錯的。我不需要他們支持我，使我覺得我是對的。只有依賴別人意見的人需要別人的支持。」

你是完全正確的，接受自己，感到平靜。現在也要接受別人的不接受。那是他們的問題——你何必擔心？他們不接受，那是他們的問題。對於收集問題，他們是很有效率的。他們甚至會擔心別人的問題。他們不只為自己緊張，也為別人緊張。

我常在假日時從學校回到村子。有一個金匠住在我家對面，一個很單純的好人。我沒事可做，所以常坐在他面前，我會把手指放在唇上。他會四處張望…每當我發現他在看我，我就會再把手指放在唇上。

他進去屋內問他的妻子：「那是什麼意思？他為什麼對我這樣做？」妻子說：「我不知道。你在外面坐了一整天，他也在外面坐了一整天。一定有什麼地方…」

他變得很擔心。他去問我的父親；晚上我去睡覺後，聽到他在敲門，於是我更仔細聽。他問我的父親：「你的小孩怎麼回事？他只要看到我就會把手指放在唇上。奇怪的是，這影響到我了。我開始做些我不該做的事，只是為了看起來很忙，只是為了避開他。他是這樣奇怪…他一直坐在那兒，好幾個小時都不動——我知道他在那兒，我無法工作。我的工作和火有關，那是危險的！他沒對我造成任何傷害，所以我無法對他說什麼。但只要有機會，他就會把手指放在唇上。」

我的父親說：「你不用理會他。只要做你的工作。」

他說：「但要怎麼工作？因為今天他這樣做，明天別人也會開始這樣做。」

我的父親說：「別人為什麼要這樣做？」

他說：「你會了解——因為我的妻子說：阻止他；否則別人也會這樣做，你的生活會像地獄。任何經過這兒的人會把手指放在唇上。」

我聽到後說：「這想法很棒！於是我對其它的男孩說：你只要慢慢的經過，並把手指放在唇上。」

他們說：「那是什麼意思？」

我說：「那只是表示：我們的國旗是世界上最偉大的。」

他們說：「沒錯，那很簡單！是我們不了解。」於是他們去⋯帶著旗子！那個金匠看到那些男孩經過時都把手指放在唇上，他停止營業了！

當他們離開後，他來找我，雙手合十。他說：「你沒對我做任何事。但我是個可憐的金匠——已經過了四天，而我什麼事都還沒做；我一直在想，那是什麼意思？那些男孩⋯很快全村的人經過時都會把手指放在唇上。而我妻子在屋內笑我；甚至我的小孩也在笑。他們是如此愚蠢，我擔心他們也會跟著做。看到這是騷擾我的好辦法，他們也會跟著做，然後我就得用錢賄賂他們。但我是窮人，請你停止這一切。」

我說：「這很困難，因為這是全國性的運動。」

他說：「全國性的運動？但為什麼在我家前面？為什麼只在我面前這樣做？」

我說：「我不知道，但這是全國性的運動。如果你想阻止它，你得做一件事：無論誰在你面前把手指放在唇上，你也跟著做。」

他說：「沒錯。但誰來賺錢？誰來做我的工作？」

我說：「我不知道。我沒有工作，我只是坐在這兒。只是坐著⋯就想出了這個全國性的運動。」

數年後，每當我回去，當我下了火車，他會是第一個在那兒的人，雙手合十的：「不要再那樣做，因為現在一切很平順。全國性的運動⋯讓它去別的地方進行。我總是擔心這些暑假來到；擔心你回來，然後會有全國性的運動⋯」

人們總是在擔心。

現在你接受自己了；那對某人變成了問題：「你為什麼接受自己？」雖然奇怪，但這是人性。

這就是人類社會如何運作至今的。那就是它如何使你繼續待在裡面的。如果人們是悲傷的，你也得悲傷；如果他們是痛苦的，你也得痛苦。無論他們怎麼樣，你得跟他們一樣。不能有任何不同，因為不同會造成個體、獨特性。而社會很懼怕個體和獨特性，因為那表示某個人是不依賴人群的，他不在乎人群。你們的神、廟宇、教士和經典，對他都是沒有意義的。現在他有自己的存在，自己的方式和風格——如何生活、死亡、慶祝、唱歌和跳舞。他回到家了。沒有人可以帶著人群回家。每個人都得獨自回家。

奧修，靜心、了解、覺知、愛和成道。然後超越成道，似乎是你的教導中必要的部分。它們似乎也是息息相關的。是否可以請你再為我們解釋這一切？

那是如此明顯和單純。不需要任何解釋。需要的只是敘述。

靜心只不過是你的頭腦處於寧靜的狀態。就如同寧靜的湖面，甚至沒有任何漣漪：思想就是漣漪。靜心是放鬆的頭腦——不要把事情複雜化——頭腦處於一個什麼事都不做的狀態，只是自在的。

一旦你是放鬆的、寧靜的、平和的，就會對一切有很深的洞見和了解，那是你從未有過的。沒人對你解釋任何事。只是你清明的洞見就使一切變得清楚。

玫瑰是一樣的，但現在你可以從很多面向知道它的美。你以前看過很多次——只是一朵普通的玫瑰。但現在它不再是普通的；它是非凡的，因為你的清明。擋住你的洞見的所有灰塵都被清除了，你發現玫瑰花有著你以前從未發現的氛圍。

你周遭的一切，在你裡面的、在你外面的，都變得非常清楚。當了解達到了最高的層次，就會是光的爆發。

最終狀態的清明變成了光的爆發，我們稱為成道。

不用使用偉大的字；那會使事情複雜。

只是因為清明是如此強烈以致於黑暗消失了。是因為你可以非常清楚的看以致於黑暗不在那兒了。你知道有些動物在黑暗中可以看得見；牠們的眼睛是更清明的，更有穿透力的。換句話說，你達到了光的爆發。你可以把它稱為成道、解脫或達成。但你仍是在它之外的：那是你的經驗，你是經驗者。這是客體的經驗；你是主體。你知道這一切在發生；所以你是在它之外的，你是超越成道的。在那個高峰，埃弗勒斯峰…只有觀照，純粹的覺知；沒有去覺知或觀照任何東西——只是一個純粹的鏡子，沒有去反映任何東西。它們是息息相關的。

不用擔心這一切。一步一步的移動；下一步會自動來到。

奧修，有時候坐在這兒聽你講道，感覺所有界限都消失了。感覺就像和你處於全然的和諧中、就像塔姆布拉琴隨著西塔琴的聲音搖曳著、就像最終的高潮。這是否就是你說的奧義書？

是的，這就是我所謂的奧義書。

第十三章
師父的藝術；表達那個無法表達的

奧修，請解釋神祕家和師父的差別？

一個古老的西藏諺語：「一百個試著抵達目的地的人，只有十個人會進入旅程；十個人裡面只有一個會抵達目的地。」而那些抵達目的地的人沒有成為師父的能力。他們都是神祕家。他們知道、了解，他們達成了，但他們無法幫助任何人朝著真理前進。他們無法解釋自己的經驗。

神祕家和師父處於同樣存在的狀態，但師父是精明的。他會找到辦法、手段和策略，以便指出那個無法用文字表達的。

神祕家是沉默的。他嚐過那些甜美的；他不是不知道那些是甜美的。他是充滿甜美的，但他無法說出任何關於它的，他是沉默的。師父是精明的。那是世界上最偉大的藝術。

畫家在畫布上揮灑出某些屬於美的，雕刻家在他的工作中帶來某些屬於美的。詩人則唱出屬於彼岸的歌。

但師父試著創造一種科學，幫助人們進入未知的、前往未知的、避免讓人們迷路或失敗。那是困難的——因為他得使用文字，而文字是非常渺小的；而他打算用文字表達的一切是如此巨大，文字無法包含它們。他試著用露珠包含整個海洋。但奇蹟在於師父成功的做到某個似乎不可能成功的。

神秘家活在他的慶祝中、喜悅中、內在的音樂中，但他是個島嶼。而師父是個大陸。佛陀從第一天起就常對他的弟子說：「無論你經驗到什麼，無論多麼渺小，都要試著表達它。找出傳達它的方式。即使你失敗了，那不重要；重要的是你試過了——繼續試。等到你成道了，你將會學到那個秘密——神祕家和師父的不同。」

神祕家是偉大的，但對宇宙是沒有用的。他達成了。就他而言，他到家了，他已經融化了自我，變成了宇宙的一部分，但他看到的美、經驗到的喜樂和灑落於他的祝福仍是未分享的。

而且記住一件事：有些事如果沒被分享出來，那它們仍是不完整的。只有透過分享會使它們變得完整；只有透過給予會使你得到更多。

神祕家是封閉的。他沒有門窗。他開花了，但他的芬芳沒有釋放到風中。同樣的經驗也發生在師父身上——在成為師父之前，他是個神祕家——但他是精明的。在對的時刻，當花朵綻放了，他打開了門窗，讓芬芳碰觸到人們。在那個他是充滿光的片刻中，他的周遭聚集了口渴的人。在對的時刻，他從不是單獨的；他的身邊總是圍繞著求道者。

每個師父都有屬於他的人——經驗到他存在中的某些東西、飲用他的喜悅之酒、不再關心世界上的俗事：某個看不見的、神秘的聯繫正在發展。師父和弟子之間有某件事正在發生，最終會融化雙方的二分性，只剩下一，只剩下無窮的寧靜、深邃的安寧和巨大的洞見。

師父是很稀有的，非常稀有。神祕家也是稀有的，但沒有那麼稀有。

你可能遇過神秘家很多次，但仍不了解關於他的一切。你的心不會快速的跳動，你不會感覺到有某個超人類的存在正在靠近，因為神秘家是封閉的。他有寶藏，但在你和寶藏之間有一道厚牆。

整個關於師父的藝術就是打造出門窗，變成一間廟。人們可以進入師父。他允許人們進入他。他所有的努力就是如何讓你更接近——這只是開始。如果你靠近師父，進入師父的廟，師父就很容易進入你的廟。只有當師父和弟子可以進入彼此的存在，真正的宗教才會發生。

真正的宗教不是那些你所認知的。真正的宗教只存在於師徒關係中。

神祕家擁有它，但無法給予；不是他不想給，而是他不知道如何給。師父則經驗到他給予的更多，他就擁有更多——那是新的經濟學。一般的經濟學中，你給的越多，你擁有的就越少。

有個人把車停在一個乞丐旁——他必須停，因為他無法相信：那個臉、身體、姿態和站起來的方式並不像乞丐，而是像個國王。甚至他的衣服，雖然已經褪色了，仍有些紋飾在上面；那不屬於乞丐的衣服。但他在乞討。那個人想：「時不我予…」他拿出一百盧比給了乞丐。

乞丐看著盧比對那人說：「請再考慮一下。」

那人說：「為什麼？我為什麼要考慮？我有的是錢。」

乞丐說：「你很快就會落得跟我一樣的下場。我也曾經有錢過，但這樣花錢…你做的一切，我都做過；我持續給予。有一天我擁有的一切都沒了。所以我說：再考慮一下。」

一般的經濟學是，如果你想要更多，就不要給予——累積、儲藏。

師父知道的是不同的經濟學：你給的越多，你就擁有的更多。所有法則的運作方式是完全不同的。他喜歡分享：他想要祝福全世界。

神祕家也想要分享：但做不到；他沒有方法。但師父有方法。所以師父是完全不同的現象。

在神秘學校，其中一個基本的作法是訓練少數幾個有表達能力的弟子。在他們自我達成之前，必須訓練得非常聰敏。因為沒有人可以在成為神秘家後才學習表達的方法；那不可能，還沒發生過。因為那些已經知道和了解一切值得知道的人，他們已經到了彼岸。把他們拉回來學習表達的方法是不可能的。

這是神秘學校的一個基本作法：師父必須觀察那些在表達方面有天分、天賦和才能的弟子。即使必須使他們晚點成道。他們得先變得夠聰敏——因為一旦他們成道，那就沒辦法對他們教導表達的方法。

過去有些例子。馬哈維亞有一個弟子非常擅於表達那些很難表達的。他的名字是戈夏拉克。他是非常聰敏的，甚至在馬哈維亞的社區中，也有很多人變成他的弟子。他談論的方式是如此美麗、詩意和權威，以致於他的自我產生了一個想法，他要求馬哈維亞：「你得宣稱我是你的繼任者，否則我要帶著我的弟子離開社區。」

他不只是個弟子：馬哈維亞愛他、訓練他，以便有一天，他可以同時成為一個神祕家和師父。但是群眾和其它弟子——基本上是馬哈維亞的弟子——都選擇戈夏拉克當他們的師父。他的自我因此膨脹。

馬哈維亞對他說：「你要求的無法和你將要成為的相比。繼任者不一定得是神祕家或師父。而且我無法承諾——是你的成長決定一切，不是我的承諾。這不是在做生意，我無法承諾你會繼任。那不是某個可以繼任的。」

這個拒絕傷到他的自我；他帶了五百個馬哈維亞的弟子離開了社區，那五百個弟子認為戈夏拉克的層次遠遠超過馬哈維亞。馬哈維亞的表達方式是格言般的、精確的——他會利用格言，使你得透過自己的經驗才能了解——但戈夏拉克沒有經驗，只是一個完美的模仿者。雖然他帶了五百個弟子離開，但馬哈維亞的回應是非凡的。

他說：「在下一次的創造⋯⋯」

在耆那教的神話中，創造的過程是個循環。就如同白天和夜晚，一個創造會帶來另一個創造，持續不斷。耆那教的神話比其他宗教更科學。它沒有造物主，因為不存在任何被創造物。只有自發性的過程：存在持續不斷的自行創造。因為一切萬物的進化都是循環的，每個循環都有二十四個渡津者，也就是偉大的師父。

雖然戈夏拉克背叛他，他的回應是：「戈夏拉克會成為下一個創造過程中的第一個渡津者——因為他已經夠聰敏了。只是有點愚蠢。不了解他說的一切，他不知道。他只是聽過，但沒有經驗過。」

「但他有這樣的能力。當他達成的那一天，將會誕生一個偉大的師父，不只是一個神祕家。現在他只是使自己和跟隨他的人成為笑柄。他什麼都不知道。他話講太多了，雖然口才很好，精於辯論，但沒有任何經驗。不過那只是時間的問題。有件事可以確定：當他達成了，他會成為一個師父。」

「我很高興他離開了，因為這會給他更多機會成為更聰敏的、更多表達的機會。因為待在大樹下，小樹就無法成長——我是一棵大樹。」馬哈維亞有一萬個一直跟著他的弟子，還有無數個信徒。

他說：「他離開我是好的。這會使他變得更聰敏、更會表達。我希望有一天他了解到自己說的一切只是話語；但他的內在是空虛的。」

所以這是可能的：神祕家的內在是充滿的，但他無法談論；但一個學者、梵學家、教皇、商羯羅、何梅尼——這些持續談論神、靈魂和宗教的人——則毫無經驗。

在孟買，二十五年前；我初次來到這個城市。邀請我的人是非常傑出的，印度的每個重要人物都很尊敬那個老人。理由是：他的名字是巴德嘉提，他是巴嘉吉的代理人。巴嘉吉曾經邀請甘地到瓦爾達，他在那兒為甘地興建了一個美麗的修行所。

他給甘地一本空白支票；只要他需要錢，就使用它。他不會過問：「錢花在哪兒？那些錢呢？」由於甘地住在那兒，印度所有偉大的自由鬥士、作家和詩人都去拜訪他。巴嘉吉為那些人興建了一個訪客用的宅邸，可以同時容納五百個人。巴德嘉提是他的代理人，所以他是甘地和巴嘉吉、尼赫魯、馬拉維亞的聯絡人。這些人都尊敬他。而他是邀請我到孟買的人。

我在一個耆那教的會議上演講過，當我下了講台——那是個寒冷的夜晚，他披了一件毯子——但他扔了毯子，拉著我一起坐下，要我和他在一起坐五分鐘。

我說：「你的毯子會髒掉。」

他說：「別理它——你坐著——因為我除了錢，什麼都沒有。」我不認識他。他介紹了自己；但除了名字，我還是不知道他是誰。

他說：「我要邀請你來孟買演講，你不能拒絕。」他的眼中充滿淚水；他說：「我這一生聽過國內所有偉大的演說家的演講，但我從未感到和你才有的深深的和諧，雖然你說的一切違反了我的制約。我是甘地的跟隨者，也是巴嘉吉的代理人，我這一生都依照甘地的戒律來生活——而你的談論是反對它們的。但我仍覺得你是對的，我是錯的。」

他一定有七十歲了，但他鼓起勇氣說：「我過去的七十年都是錯誤的」；他才聽我講了十分鐘。「你不能拒絕。這個演講是非常重要的，因為我要把你介紹給我孟買的朋友，還有我在印度各地的朋友。」

於是我說：「我會來。」

我在孟買不認識任何人…因為他是個老人，戴著高度數的眼鏡，而且那是晚上，也許他沒有看得很清楚。他對大會的召集人描述我的外表，但不知為什麼，他對他們說我戴著甘地帽。因為七十年來不斷看到甘地帽——他沒看過誰沒戴甘地帽的——所以那變成他的刻板印象。

我站在門邊；所有旅客都離開了。至少有二十五個人走到我這兒，他們從頭到腳仔細的打量我，當他們看到我的頭，就離開了。我說：「我的頭怎麼了？在看到頭之前，似乎一切都沒問題，直到看到我的頭，他們都消失了！」但最後，只剩下我，還有那些來接人的人。

他們之中有一個人來問我：「你今天沒戴甘地帽嗎？」

我說：「現在我知道問題在哪兒了。誰說我有戴甘地帽？」

而他被交通阻塞耽擱了，用跑的來到這兒！——一個七十歲的老人。他說：「沒錯！就是他，但帽子呢？」

我說：「你造成了這些麻煩。我在這兒站了半小時，這些人在月台上跑來跑去，尋找甘地帽。如果你先告訴我，我就會戴甘地帽！你沒有提過。」

他說：「我的天，我老了，一定是眼花了——從早到晚一直看到甘地帽…甚至作夢也會夢到戴著甘地帽的人！在我的夢中，沒看過任何沒戴甘地帽的人，所以請原諒我。」

這個人，一個單純有愛心的人，認識印度本世紀所有偉大的思想家和各行各業的精英，但他馬上就感受到某種程度的同步性，就像組好的拚圖，謎解開了。他和甘地在一起生活了二、三十年，卻都沒發生。

對於那個未知的，有的人可以美麗的談論它，但如果你稍微有點覺知，你會發現他們的話語是空洞的，沒有觸碰到你的心，沒有攪動你的存在。

有些已經達成的神秘家，他的旅程已經到了終點。如果你很寧靜和安寧，也許他的無法表達不會影響到你；也許你可以感受到某個超人類的——但那依你而定。

師父不依你而定。他會嘗試一千零一種方式；所以世界各地有各種方法被設計出來。那些被試過的方法只是一個攪動你的心的方式，使你感受到某個東西的方式——例如師父雙眼中的火焰、他姿態中的優雅、包圍著他的話語的無言的寧靜。

神秘家是美麗的存在，但他們無法幫助人類的意識有所成長。全部都要仰賴師父。

奧修，為什麼不能笑的時候，我總會哭泣？哭泣不是和跳舞、唱歌、慶祝相對立的嗎？

哭泣是一種神秘的現象。

那不表示你是悲傷的，不一定。它不一定是反對慶祝、歡樂和歡笑的。

淚水有一個很奇怪的功用：每當你的心有某個東西非常充滿以致於無法用一般的方式表達時，它就被會當成應急措施。所以它們可以表示任何事。

你也許很快樂，非常快樂以致於笑看起來會是愚蠢的，而淚水會是完全適合的。你的淚水會顯示你的快樂不是普通的快樂——它是如此深邃以致於只有淚水可以表達；它是如此深入以致於需要一個應急措施。

兩個朋友在多年後相遇，可能不會想說話；說話看起來是褻瀆的。他們也許只想擁抱對方，靠著對方的肩膀哭泣。可能會談論很多事…很多回憶和問題；過去一直沒有得到回應的、屬於愛的。淚水會有助於卸下他們的負擔。

在印度，特別是小村子，母親不會讓小孩笑得太過頭。她們說如果你笑得太過頭，就會流淚。

我童年時聽到這個說法：「這似乎很奇怪。為什麼我笑得太過頭就會流淚？兩者似乎無關。」但我很快就發現那個關聯，因為當你笑得太過頭，會有一個片刻來到，當歡笑過度氾濫，已經超過歡笑可以負擔的…就會流淚，這是很奇怪的經驗，一邊笑一邊流淚。那會使你更想笑，因為這些淚水！然後使你流更多淚，因為這是歡笑的時刻。於是這變成了惡性循環。

你問我為什麼你很容易就想哭…

因為很難得慶祝和歡笑，環境使你覺得自己必須是嚴肅的。歡笑會破壞你的嚴肅。

你有看過任何大笑的聖人嗎？你有看過耶穌在笑嗎？那會是值得一看的，一個奇蹟——

在十字架上，如果耶穌是大笑的，那會是比復活更大的奇蹟。他錯過真正該施展奇蹟的機會了。

你被教導嚴肅：即使你想笑，也只能微笑，不能大笑。大笑似乎是粗俗的；你是有教養的。最多只能微笑，會使你像是從牛津畢業的學生，一個嚴肅的人。

任何職業：如果你是個醫生又笑得太過分，病人就不會很認真地看待你。你必須是嚴肅的。病人也許沒怎樣，只是個感冒——不算疾病，因為如果不吃藥，它在七天後就痊癒了；如果吃藥，一周內就會痊癒。這算什麼疾病？但醫生必須很嚴肅，彷彿你得了癌症。

嚴肅會帶來更多收入。他會用希臘文和拉丁文開處方箋，因為如果他用你可以了解的語言寫出來，你連一盧比都不想付給他。但現在你得付十盧比給他，什麼都沒得到；在其他地方只用四安那就能買到的垃圾——到處都能買到！

醫生、老師和教授都必須是嚴肅的，因為如果他不是嚴肅的，學生會佔他便宜。父親必須在小孩面前是嚴肅的；因為他是個父親。母親也必須是嚴肅的。歡笑在每個地方都是不允許的。

你自然會學到這樣愚蠢的行為，所以當慶祝的時刻到來，你會開始哭泣。你對於慶祝的反應被封閉了、塞住了。必須開啟它們；你得清理你所有的通道，你得學習如何由衷地笑——不只是微笑。何必這樣吝嗇？大笑不會有任何損失。

你也不被允許哭泣：如果你是男人，哭泣會使你像個女人。然而女人已經被證明在心理上比男人還要健康，因為她們沒被阻止哭泣。

男人的自殺率是女人的兩倍——雖然女人喊著要自殺的次數是男人的一千倍。她們也會吃安眠藥，但你會發現隔天她們還活著，然後又吵著要自殺。她們不會一次吃太多安眠藥。

女人比較少發瘋，男人發瘋的機率是女人的三倍。奇怪…為什麼有這樣的差距？因為男人壓抑一切。女人沒那麼壓抑，因為我們不會用男人的標準對待她。而且她可以哭——她畢竟是個女人，不是男人。她可以生氣，丟東西，但你會發現她總是丟些沒價值的、需要扔掉的東西。她試著要砸你，但從未砸到你；她總是會砸到你旁邊。

但你不被允許做這些事；你是男人，嚴肅的人：醫生、教授、工程師、科學家、主教、祭司。主教生氣似乎不太對。但女人可以哭泣、丟東西——她用分期的方式清理她的瘋狂。你則是用批發的方式持續累積；有一天它會像火山一樣的爆發，那會是你無法控制的。

對我而言，哭泣、歡笑、享樂、跳舞和唱歌是美麗的。

有一個在這兒唱歌的桑雅士…某些人昨天遇到他，他們對他說：「如果我們不殺了你，你會每天都在唱歌。」他們跟著他，使他很害怕。他沒做任何事，但他們似乎很反對唱歌，他們想要他停止唱歌。

有些人反對唱歌，有的宗教反對唱歌，例如回教——有無數人反對唱歌。奇怪——唱歌是個罪！如果唱歌有罪，那還有什麼能視為美德？如果跳舞有罪，那還有什麼能算藝術？

但我們造成了一個遵守各種瘋狂規範的世界。

只需要一點理智，人類就能在各方面綻放。

看到某個人笑是美麗的，看到某個人眼中的淚水是美麗的。雖然那些淚水是悲傷的，那仍然有一種美，因為它們是沉默的；但它們可以是來自喜悅的⋯⋯

世界上所有的宗教都在反對生命，任何使生命更有生氣的，都會被它們試著根除。我是支持生命的。

生命中的一切都該被接受——不是容忍，而是喜悅的接受——只有這樣才能成為一個心理上健康的人。

奧修，我的父母讓我和很多女孩相親，但每當我提到你的名字，對方就不再聯絡了，彷彿對她們來說，我是不適合的、瘋狂的——包括我盲從和傳統的父母。我想我這一生將無法和另一半分享我的愛和喜樂，無法遇到你提到的有著同樣覺知和意識的人。你談論過生命、愛和死亡；是否可以指引我如何讓愛在這一世發生？

很簡單，只要避開你的父母！他們跟你的婚姻有什麼關係？

奇怪的是你讓他們介入做決定。他們帶女孩給你看——你是現代人還是古代人？

如果是後者，那無法說什麼。因為小孩在童年就約定婚姻了。六歲大的男孩不會自己去尋找女孩。他必須被強迫帶去，因為他想要去別的地方！他有很多事想做——婚姻對一個六歲的男孩沒任何意義。

我的母親說她七歲就結婚了。全家人和整個村子的人都在婚宴中慶祝，但她被綁在家裡的某根柱子上。因為她也想去：她不了解為什麼每個人都能去看表演，只有她不行。這真奇怪！而且他們說：「這是妳的婚禮。」如果這是我的婚禮，那我應該在那兒。每個人都在那兒，只有我被綁在這兒！

你是現代人。只要對你的父母說：「你們在做什麼？你們沒愛過，你們不知道愛是什麼。要如何選擇我的愛人？你們的標準是什麼？你們的婚姻是父母安排的，他們的婚姻是他們的父母安排的……」

愛還不存在於東方。

我們已經摧毀了愛，用虛假的東西替代它——婚姻。但時候到了。

而且你不是小孩，還需要讓父母決定。所以首先，糾正你的父母：「你們做你們的事：互相吵架。我要去恰巴提尋找女孩。」

你在胡說什麼？——「我會過著沒有另一半的生活嗎？」自己去尋找你的女孩。這是尋找的時候了！不幸的是，你會找到，所以不用擔心。很少有人跟我一樣會想辦法不成功的、持續失敗的。但你不會失敗。

當你和女孩見面，何必談論我？那是危險的。等結婚了再提到我。每當你想吵架，就提我的名字。但剛開始的時候，即使對方提到我的名字，你也得假裝對我一無所知；她也許會提起，你只要忽略。恰巴提的女生不會：但朱胡則不一樣：在這兒，如果你不提到我，沒有女孩會看你一眼！只要提到我就夠了，你已經說出：「我愛妳，」——然後其它的事會自行發生。

只要稍微警覺到自己在說什麼。如果你看到一個像桑雅士的女孩：沒有任何桑雅士能隱瞞。

印度政府通知所有大使館，不能讓任何桑雅士入境印度，所以他們入境時不會戴著有我的照片的項鍊，不會穿橘色衣服，但他們仍會被逮住。信件開始來到我這兒：「怎麼回事？那些人一直詢問你。他們有些地方與常人不同——看起來更鎮定、更處於中心、更整合的、更優雅的、不害怕世界的。」

所以如果你看到某個桑雅士，可以提到我，那會有很大的幫助，但如果對方不是桑雅士，那就不要提到我。再等一下。你是桑雅士；你知道等待的意思。先登記結婚；然後就提到我——你可以全盤道出，因為你的悲劇會從此時開始。

但你似乎錯過很多，你必須試試。那是你的權利，事實上那是需要的。除非你經歷過婚姻，否則你不會了解桑雅士的自由。所以我不會說不要結婚。我會說趕快結婚。快點結束這個實驗，然後成為桑雅士。

而且透過婚姻，我就能得到兩個桑雅士——因為雙方都在受苦。不只你在受苦。

先糾正你的父母：「那和你們無關。我現在要去尋找——先去恰巴提。如果失敗了，我會去朱胡。」在那兒，你不會失敗，所以在你去朱胡之前，再考慮一下！

奧修，你提過很多達成的方式，覺知、瑜珈、譚崔、奉獻等等。但在你靜默三年後，你只強調覺知。是否可以請你談談？

所有引導人們達成的方法，主要的部分都是覺知。次要的部分則會是不同的。我談過瑜珈、譚崔、哈西德、道、禪，人類試過的各種方法。我要你們知道所有人們得到真理的方法——但所有方法的主要部分都是覺知。

所以我現在只強調覺知。

無論你在做什麼或練習什麼方法，不會有差別。那些是不同的人在不同的時代給的不同名字，但他們都是在練習覺知。

本質上，只有覺知會引領你抵達最終的目的地。

路並沒有很多條，路只有一條，但它有很多名字，那條路就是覺知。

奧修，坐在你旁邊，飲著你的酒，感受你的存在帶來的狂喜，你的笑容中灑落於我們的

慈悲：你覺得會有人想要消失嗎？不可能！絕對不是我！

確實，你說的沒錯，但你消失了，我沒看到你。這是個奸詐的問題。每個人都在這兒，只有你消失了！但我了解他的意思。

師父是路上的最後一個阻礙。很難放下對師父的愛。一個人可以放棄一切——一個人可以放棄全世界、可以放棄自己——但除非最後一樣東西也被放棄，抓著師父不放會使你的自我繼續存在。

佛陀說過：「如果你在路上遇到我，立刻砍掉我的頭。」這句話是個隱喻。因為當你在靜心，一切都會消失，最後，你會看到師父在那兒。當全世界都消失了，師父會在那兒。那是你最後的愛，那是如此令人滿足和高興，以致於一個人會想要永遠處於那個狀態。

只有師父會說：「這不是目的地。還要一步：拿走對師父的依戀，這樣你才能是毫無依戀的。」

在完全的無依戀中，自我才會消失。自我的消失不是你的消失，而是你的首次出現；虛假的，消失了；真實的，出現了。

你是對的；那很困難，但必須做到。那不是做不到的，因為很多人做到了。而且你不是在反對師父；你是在實現師父最後的訊息。

讓自我消失。但只有毫無依戀，自我才會消失。一旦自我消失了，你首次是存在的。

然後你會永遠感激師父，因為如果不是他的堅持，你會一直處於那個美麗的狀態。但還有某個在它之外的，更多的；師父不會想要你卡在路上。

師父要你是完全解脫的，不受任何束縛的；那個束縛包括他。

但你是聰敏的：你逃離了原本的地方來到這兒，提出了這個問題。我會一直跟著你，無論你在哪兒。你得消失！

第十四章
科學之外的，才是知道

奧修，克理虛納穆提說：「觀察者就是被觀察者。」是否可以請你解釋？

這句話是所有地球上的人說過的話中其中一句最重要的。這句話就跟克理虛納穆提一樣非凡。

只透過智力是很難了解這句話的，因為智力是辯證的、二分性的。對智力而言，主體永遠不會是客體，看者永遠不會是被看者。觀察者不會是被觀察者。就智力而言，這句話是荒謬的、無意義的——不只無意義，而且瘋狂。

對智力而言，通往真理的方式是屬於分別的：知道者和被知道者必須是分開的。那時才會有屬於這兩者的知識。科學家不能成為科學，科學家必須和他做的事是分開的。實驗者不能成為實驗本身。就智力而言，邏輯才是相關的，它必須是有效的。

但有一種知識是超越了解的、在科學之外的。只有當科學之外的這種知道是可能的，神秘主義才會是可能的，宗教性才會是可能的。

讓我們從另一個角度來看。科學把所有人類的經驗和存在分成兩部分：知道者和被知道者。那個在今天被知道的，它在昨天仍是未知的，那個在今天是未知的，明天就可能是已知的，所以兩者的差距不是不可能碰到的、不是無法橋接的。那個差距是因為人的知識在成長，他的無知會逐漸減少。換句話說，他知道得越多，未知的部分就會越少，已知的部分就會越多。

如果我們用這個邏輯來看，最終的結果會是總有一天，一切都會被知道。慢慢的，未知的部分會變成已知的，那天會來到，不再有任何未知的。那就是科學的目標，摧毀無知——但摧毀無知的意思是摧毀所有探索的可能性、摧毀讓你繼續探索未知的可能性。

摧毀無知的，那意味著智慧的死亡，因為不需要智慧了。那會是某個在過去才有用的——你可以把它放在博物館——但它沒用了。那不會是令人興奮的畫面。

神祕主義不同意科學，它超越了科學。

根據神祕主義，存在和經驗被分成三部分：已知的、未知的和不可知的。已知的，是過去某一天的未知；未知的，有一天會變成已知的，但不可知的，會一直是不可知的；它會一直是神祕的。無論你怎麼做，那個奧秘會一直圍繞著存在、生命、愛和靜心。那個奧秘是無法摧毀的。

無知可以被摧毀，但你無法透過摧毀無知來摧毀那個奧秘。

克理虛納穆提的話語屬於不可知的。

我一直告訴你們，靜心時：當我說靜心，意思是當你變得越來越覺知自己的頭腦的運作過程。如果頭腦是百分之百運作的，拿走你所有的能量，那你的內在會是熟睡的——你就不會有任何覺知。

某天早晨，佛陀正在對比丘講話。波斯匿王也在那兒聽他講話；他就坐在佛陀前面。他不習慣坐在地上——他是個國王——所以他感覺很不自在、坐立不安，他試著不影響到佛陀不被注意到，因為他沒有靜靜的坐著。他不斷晃動腳趾頭，只是為了保持有事做。有些人無法無事可做；他們會保持忙碌。

佛陀停止講話，他問波斯匿王：「你可否告訴我，為什麼要晃動腳趾頭？」事實上，波斯匿王自己沒察覺到。

你一直在做一千零一件你沒察覺到的事。除非某人指出來，否則你不會注意到。

當佛陀問他時，腳趾停止晃動了。佛陀說：「你為什麼停止晃動腳趾頭？」他說：「你讓我很尷尬。我不知道為什麼那隻腳趾頭在動。我只知道當你問我的時候，它停止了。我什麼都沒做——不是我晃動它，也不是我停止它的晃動。」

佛陀對比丘說：「你們了解嗎？那隻腳趾頭是他的。它在動，但他不知道它在動。當他察覺到——因為我問他——那個覺知停止了那隻腳趾頭的晃動。不是他停止的。那個覺知：「這是愚蠢的，你為什麼晃動它？」——只是覺知就足以停止它的晃動。」

你的頭腦是不斷進行中的思想過程，它一直處於急急忙忙的，從早到晚。

靜心的意思是觀察頭腦內思想的移動。

只要當個觀察者，彷彿你站在路邊看著車流——沒有批判、評估、譴責、評斷——只是純粹的觀察。

當你越來越習慣觀察，一個奇怪的現象開始發生。如果你有百分之十的覺知，那些能量會從頭腦移到觀察者身上；現在頭腦只有百分之九十的能量可用。會有某個片刻來到：你有百分之五十的能量。你的能量持續增加，同時頭腦的能量持續減少。車流越來越少，你變得越來越多。

你對自己的觀照在完整度和廣度上會持續的增加；變得越來越強大。頭腦會變得越來越虛弱：百分之九十的觀察者和百分之十的頭腦，然後是百分之九十九的觀察者和只剩下百分之一的頭腦。

最後是百分之百的觀察者，頭腦消失了，路清空了；頭腦的屏幕變成完全空無一物的，沒任何東西在移動。只剩下觀察者。

這就是克里虛納穆提那句話的意思。一旦沒有任何可觀察的，只剩下觀察者，那時觀察者就變成了被觀察者——因為沒有任何要觀察的，還能做什麼？知者知道了自己。觀看者看到了自己。追逐著客體或思想的能量：客體和思想都不存在了。能量沒地方可去；它變成了自己的光。沒有它需要照亮的，它只要照亮自己——一道被寧靜圍繞的火焰，一道被無物圍繞的火焰。

那是克理虛納穆提說出它的方式，觀察者變成了被觀察者。你可以稱為成道，那是相同的：光只是照亮著自己，沒有它需要照亮的。你已經融化了頭腦。你是單獨的、完全警覺的、覺知的。

克理虛納穆提創造了自己的用語。他有點挑剔：不使用別人的話語或文字——不用其它師父用過的。所以他一生都在創造自己的用語。

但你只能改變表達的方式，你無法改變經驗。那個經驗是永恆的。無論稱它為成道、涅槃、三摩地或其它東西都不會造成差別。你可以創造自己的用語，但記住，那個經驗不該被你的文字改變。

它沒有被克理虛納穆提的話語改變。那段話是完全符合的，雖然它不像涅槃那麼迷人，那是佛陀創造的用語，不像三摩地那麼迷人，那是派坦加利創造的用語，不像成我，那是穆罕默德創造的用語。「觀察者變成了被觀察者」似乎有點平凡。它確實指向了實相，但文字本身不是很有詩意，它是很平凡的。對於那個非凡的，對於它的表示不該是平凡的；那是褻瀆的。

世界上有很多人聽克理虛納穆提講話。當他們聽到這句話，「觀察者變成了被觀察者」，那無法讓他們聯想到涅槃、成道或三摩地。

我不喜歡這麼挑剔。我不想說任何反對他的話，因為他已經死了。如果他還活著，我會說出反對他的話。他所有的努力——他活了很久，九十年——就是證明他在各方面都是原創的，甚至表達的用語。

我不覺得有必要。如果你是原創的，你就是原創的。不需要公開宣布「我是原創的」、「我是幸運的，沒有接受任何神聖的經典。」但事實不是這樣，因為即使不使用那些用語，你仍然是知道那些用語的；否則怎麼會知道不去用它們？他也許沒看過那些用語；但別人提過，而他一定有因此聽到。

那就是實際發生的：從童年起就被教導要成為世界導師，別人告訴他…他那時只有九歲，所以他說沒看過那些神聖的經典並沒說謊；但有人念給他聽過。

這讓我想到一個送奶員。我在大學念書時，他常和他的小孩送牛奶給宿舍的學生。每個人都懷疑他的牛奶至少有百分之五十是水。最純的牛奶已經有百分之八十是水，然後再百分之五十…所以每個人對他說：「你加太多水了。」

他是個很虔誠的人，會在廟裡膜拜數小時。他會說：「我是個虔誠的人。不會這麼做。我可以發誓。這是我的兒子」——他會把手放在他的小孩頭上——「我發誓如果我說謊，我的小孩會死。我從沒把水加到牛奶裡面。」

我聽過很多次。有一天，我把他叫到我的房間，然後關上門。他說：「你要做什麼？」

我說：「不用擔心，我也是個虔誠的人。只是想跟你談談…」

他說：「但為什麼要關門？」

我說：「必須私底下講；否則你會有麻煩。」

他說：「奇怪……我會有什麼困難？」

我說：「現在告訴我。我看過你加水到牛奶裡面……我為此暫停一個早上的散步，躲在你家附近觀察。只是一個早上就發現了。如果你不相信我……我沒有小孩，但我可以用你的小孩發誓。」

他說：「等等！不要這麼做。你是個危險的人。你可以對你的小孩這麼做，但不要對我的小孩這麼做。」

我說：「有什麼問題？你的小孩不會有危險；事實只會是事實。」

他說：「那表示我得告訴你事實。」

我說：「你得把事實告訴我。」

他說：「事實是我從沒加水到牛奶裡面，我一直都是加牛奶到水裡面——那是不同的。我的誓言是真的。但請不要告訴任何人，否則他們會要我發另一個誓，我將無法做到。我有混合它們，但我是把牛奶加到水裡面。我讓水像牛奶。我沒有毀了牛奶，我只是改變水的純度！」

我說：「你真的是虔誠的人。」他沒有說假話。

數千年來，任何達到無念且只有覺知的人都給出了遠比克理虛納穆提的那句話還有意義的話語。例如派坦加利創造的用語是最重要且古老的：三摩地。在梵語中，疾病被稱為味亞地，超越所有的疾病被稱為三摩地。那有一種美——超越所有的疾病；變成完整的、完美的。

那有一種美和意義。

佛陀使用的是涅槃：因為在派坦加利死後二十五世紀，他試著要改變。二十五世紀來，派坦加利被誤解了。人們使達到三摩地變成一種自我之旅。三摩地這個用語是很正向的——超越所有的疾病；完整。裡面有個漏洞：使你有某個想法：「我會變成完美的，超越所有的限制和疾病。我會變成完整的。」但危險在於「我」可能是你的自我——很有可能會成為你的自我，因為你的頭腦仍在那兒。

當頭腦離開了，三摩地會是真實的。然後你可以說：「我超越了所有的疾病」，因為自我也是一種疾病——事實上，是人們所得到的最大的疾病。現在你的「我」的意思不是自我。而是你的個體性，不是你的人格。那只是表示一在你裡面，就如同露珠包含了海洋。重點已經完全改變了。不是露珠在宣稱；而是海洋在宣稱。

但因為很多人變得很自我：甚至現在還可以看到這些人。你的聖人、聖雄和賢者，是非常自我的，你會驚訝——一般人都不會這麼自我。但他們的自我是非常難以察覺的，非常微妙的。

佛陀用了一個全新的字，那個字必須是負向的，以便自我無法再要詐。涅槃是負向的字；它只是表示吹熄蠟燭：一個很美的字。吹熄蠟燭，會發生什麼？——只剩下純粹的黑暗。佛陀說當你的自我像蠟燭的火焰一樣的消失了，剩下的——那個寧靜、平和、永恆的喜樂——就是涅槃。

他確實成功了：沒人能把涅槃當成一趟自我之旅。你要如何把涅槃當成一趟自我之旅？自我必須死。暗示就在那個用語裡，你必須像煙一樣消失。剩下的就是你真正的實相、你純粹的存在、你的真相、你的存在——發現它就發現了一切。

佛陀因此把三摩地換成涅槃，但克理虛納穆提沒有理由，除了他執著要原創的。他說的是事實：觀察者變成了被觀察者——但它沒有任何詩意。它是真實的，只是裡面沒有任何音樂。

不過這也符合克理虛納穆提的整個方法：裡面沒有任何音樂和詩意。純粹是理性的、邏輯的、智力上的方法。他努力試著要用理性和邏輯的用語表達神秘的經驗，他用的很多方式都成功了，但摧毀了那個美。

他讓那個神祕的經驗更接近理性的哲學；但神祕的經驗不是哲學，它一直是詩意的。它是更接近繪畫、唱歌和舞蹈的，但不是接近邏輯的——那就是他在做的。這就是我反對他的理由。我的努力是要把神祕主義帶入你的舞蹈、歌、愛、詩和畫——不是你的邏輯。

邏輯對於做生意是有幫助的，對數學是有幫助的。但就更重要的價值面而言，它是完全沒有用的。

奧修，自從你談過鬍子，那讓我想到我因為鬍子而遇到的問題。因為我的鬍子，有些人來找我，膜拜我，誤以為我是你。在公開場合，有些人會說：「羅傑尼西來了！」我比

較過自己以前的照片和你的照片，但我找不到任何相似處。我家裡有很多你的照片，每個來家裡找我的人都對於我有這麼多自己的照片很驚訝。有些桑雅士甚至會評論相似的部分。儘管我知道這一切，但使我感覺很複雜——就像自我、驕傲、一種優越感。這是鬍子的惡作劇還是有其目的？

鍾愛的奧修，我非常感激你對我的無限慈悲。是否可以請你評論？

這個問題對很多人而言可能很普通，但並非如此。在回答你的問題前⋯⋯

我記得在童年時要求父親⋯我們去參觀一個耆那教的廟宇，裡面站著一排二十四個先知的雕像。全都長得一樣，但他們的時代相距數千年。第一個先知一定是一萬年前的人。最後一個則是兩千五百年前的人；這二十四個渡津者相差這麼多年，但他們看起來都長得一樣！——甚至廟裡的膜拜者，專職膜拜的人也無法分辨——誰是誰？所以他們最後做了符號；每個雕像下方有一個符號，一個小符號。你可能沒注意到，在馬哈維亞的下方有一條線。那個膜拜者知道；他會告訴你這是馬哈維亞的雕像，那個是勒舍婆的雕像。你會驚訝——毫無差別。你可以交換雕像，沒人會發現。

我的父親是一個很真誠的人。他從沒對我說：「當你長大了，更成熟了，你就會了解。」他從沒對我這麼說。他直接說他不知道。他說如果我知道，要我告訴他，因為他不知道。

怎麼回事？不可能數千年內的二十四個人都長得一樣。你無法在地球上找到兩個長得完全一樣的人。甚至雙胞胎也不會完全一樣：母親看得出來、朋友看得出來、丈夫看得出來：很小的差異。

成道後，一切變得很清楚，我的明晰變成完整的，那二十四個雕像完全一樣的原因並不是那二十四個人長得一樣。但他們在做同樣的靜心。他們內在的存在在同樣的層面上移動，那自然會影響到他們的身體。當他們成道了，外在的身體會漸漸有點近似彼此。雕刻家也注意到這個事實。

這是個奇蹟，為了讓後人知道，他們把那二十四個雕像弄得完全一樣。他們在指出一件事：如果你內在的存在朝著同樣的方向移動，你外在的形象也一定會改變。你的雙眼會開始出現同樣的光，你的手會開始有同樣的優雅，你的話語會開始有同樣的權威。

並不是鬍子在惡作劇。問題是你為什麼開始長鬍子！

我周遭的人漸漸長出鬍子。我沒說出來，是他們的頭腦有了某些改變。他們開始了解鬍子對男人而言是自然的，刮鬍子就跟女人開始留鬍子一樣醜陋。只要想像女人：那不難——她可以打針，長鬍子只需要一點荷爾蒙，然後她就有鬍子了！但我不認為會有男人喜歡她，或對她說：「多麼美的女人！」但鬍子對男人而言是自然的。

當你開始靜心，你的生活在很多方面會變得越來越自然。鬍子只是一小部分。你會發現很容易有鬍子，更自發性的。這象徵了發生在你生活中的其它部分：你走路的方式、你看的方式、你坐的方式。

所以不用對那些膜拜的人感到憤怒，只要代表我祝福他們，因為他們不是膜拜你，而是在膜拜我——你只是個媒介。所以代表我祝福他們，你會驚訝，你的祝福會觸碰到他們的心。你會發現你的祝福為他們帶來喜悅和喜樂。

我可以了解你的尷尬，但能怎麼辦？和我這樣的人在一起，你會遇到很多困難——你必須付出代價。

但不需要感覺到自我或驕傲。只需要因為自己變成了媒介而感到謙虛，人們可以透過你見到我。

不要試著說他們這樣不對；不要試著使他們相信你是其它人。你不是！對他們而言，在那個特別的片刻，透過你，我是完全能被看見的。他們沒弄錯。但你不知道你已經變成透明的。

你的靜心會使你越來越透明。很快的，有很多桑雅士會遇到同樣的問題。

但你應該高興，你的意識在成長，你的鏡子變得越來越乾淨。不是鬍子在成長，是你成長的意識帶來的感覺：那個感覺是如此強烈以致於那些人無法認出那個差別。你可以比對照片，你可以看出來它們並不像。你會知道為什麼人們來找你的時候會問你為什麼到處掛著自己的照片。

這讓我想到——有個偉大的畫家想畫拉瑪克理虛納；他的要求被允許了。當畫完成後，他帶著它去見拉瑪克理虛納。那時是早上：固定的集會，他的門徒和來拜訪的人。拉瑪克理虛納用頭觸碰了那幅畫！畫家不了解，拉瑪克理虛納的跟隨者也不了解。他們說：「他真的瘋了。那是他自己的畫，他在觸碰自己的腳！」

畫家說：「我不太習慣神秘家的方式，但這似乎是瘋狂的。這是你的畫像。」

拉瑪克理虛納說：「但當你在繪畫時，我正處於三摩地；那是三摩地的畫。我是無所謂的。當某人帶了一幅三摩地的畫到我面前，我不可能無動於衷。讓全世界都說我瘋了。是拉瑪克理虛納的身體或者別人的身體並不重要。重要的是你成功的捕捉到那個精神。那個在我裡面的那個寧靜的片刻，我可以從你的畫中看出來。」

即使是一幅畫：弟子是師父的一幅充滿生命的畫。當他越來越接近那個高度，會有越來越多人透過他看見師父。

所以發生的一切是完全沒問題的。

奧修，數年來，我注意到每當我向你頂禮，你從未把手放在我的頭上，但你都會對別人這麼做。但今晚你抵達孟買後，我突然發現你的雙手放在我的頭上，我的第三眼感到一個連續不斷的電光。剛開始我以為是我的想像，因為我太渴望你的雙手放在我的頭上。但隨著那個電光持續加強，我醒了，完全意識到那真的在發生。我的心充滿了感激，淚

水開始流下。那是如此令人喜樂以致於話語無法形容。在深深的感激中，我跪了下來，觸碰你的腳，慢慢的，一切開始恢復正常。稍後，我五歲大的女兒往我跑來，搖著我說：「你的奧修來孟買了。」鍾愛的奧修，請接受我對你無限慈悲的感激。可否請你評論？如果你覺得有必要的話。

戈敏悉達多，如果你沒提出來會比較好——因為我總會放錯頭——人們需要；他們需要所有可能的幫助。

靠自己成長的人不需要任何幫助。只有當他們做了一切能做的，需要最後一推的時候，我才會把手放在他們頭上。

沒錯，我一直在避開你，幾乎二十五年——很難記得放過誰的頭和沒放過誰的頭——但現在你掙得了，那是你應得的。

很少有人和我在一起這麼久，有這樣深的信任和奉獻。這是他首次提問，我想是最後一次——因為他已經問了全部！

但他一直在成長。人們來來去去，但他一直一樣——同樣的愛和奉獻——他持續對自己下工夫。我之前沒有幫他很多，甚至沒有這樣——把手放在他的頭上，不是很難的事。我放過無數人的頭上，但那些人的頭太厚了。

我在等待…有一天，我會觸碰你的頭，但那得是他真的需要——當他做了一切，沒有任何沒做的，只需要我輕輕推他一把。

所以那不是你的想像。

現在，很多事會開始發生，因為門開啟了，而你進了廟裡面。

奧修，這些年我注意到你提到某些桑雅士時，包括我，都是用我們的本名，不是我們的點化名。此外，你會加上JI、BABU或BHAI——對長者表達敬意的象徵。鍾愛的奧修，身為我尊敬的、鍾愛的師父，我感到很尷尬，彷彿是我缺少某個東西，所以你才會這樣稱呼我。可否請你評論？

沒錯。有少數我認識很久的人，他們是我點化前就認識的。甚至在成為桑雅士前，他們的態度和感激就已經是桑雅士了。所以當他們成為桑雅士，就我而言，沒有任何改變。他們早已是桑雅士了。他們自己不知道，但對我而言，沒有任何改變。這就是我使用他們本名的原因。

例如，我第一次提到戈敏悉達多；在那之前都是用他的本名拉須卡吉稱呼他。拉須卡吉、法里拜、傑安提拜…在點化前，我就認識他們很久了，而且沒有任何巨大的變化。他們平順的成為桑雅士，如此平順以致於我不記得他們被點化的名字。我不知道法里拜的點化名，也不需要。法里拜會以法里拜的狀態成道。他一定知道他的點化名，但我忘了，因為我從未用過。拉須卡吉也一樣。今天我在你們面前用了戈敏悉達多這個名字，但明天——會繼續用拉須卡吉！

名字不重要。

我可以了解你的尷尬，我提到每個人的時候都是用他們的點化名，但提到你卻沒用點化名——「我是否缺少什麼？」不，沒有缺少任何東西。甚至在你成為桑雅士之前也沒缺少任何東西。你的點化不是革命，而是進化。你成長了；你沒有任何大改變，也不需要。

你應該也要了解我的困難：當我看到你，我不是看到戈敏悉達多，我只想起拉須卡吉。所以你應該對我慈悲點；我有我的困難。現在卡庫拜來找我，我不知道他的點化名。但重要的是點化，不是名字。那是某個內在的，不是外在的。所以不要有那樣的感覺。

我可以了解，你尊敬我。這是全世界人類的傳統：如果你尊敬我，那麼我不會是尊敬你的——這是絕對錯誤的。

如果你去見耆那教的和尚，你雙手合十，非常尊敬的向他鞠躬，他不能對你做相同的事——因為你尊敬他，你把他放在更高的位置；現在坐在那個位置上，他只能祝福你。耆那教的經典、印度教的經典、佛教的經典都禁止：桑雅士不該尊敬非桑雅士。他們應該是慈悲的——慈悲使你高於他們。

但我的方式是不同的。我尊敬所有尊敬我的人。我愛所有愛我的人。你越尊敬我，我就越尊敬你；那是互相的現象。沒有誰比較優秀或誰比較差的問題。

在佛陀的一生中，他喜歡談論他的前世。其中一世，他沒成道的時候，聽說有個成道者來，便去見他。那是個有極大魅力的人。佛陀有很多問題和懷疑，但當他接近那個成道者，他忘了一切，跪了下來，非常尊敬的觸碰他的腳。當他站起來後，他很驚訝，那個成道者也觸碰了他的腳。佛陀說：「你在做什麼？你已經覺醒了，抵達了。你的旅程結束了；我甚至連一步都沒踏出去。在人們面前觸碰我的腳讓我很尷尬。」

成道者笑了，他說：「不用擔心。我沒有觸碰你的腳，我觸碰的是你的未來。過去我不是覺醒的；未來你會是覺醒的。所以有什麼差別？──只是時間的問題。而且觸碰你的腳是必須的，因為我可以看出你將會成為一個偉大的師父。將會有無數人尊敬你。」

「不要忘了有個成道者在你還沒成道時觸碰了你的腳──記住。尊敬這些人──因為他們也許是熟睡的，但熟睡的人和覺醒的人有什麼差別？非常小⋯熟睡的人會覺醒，必須覺醒──他能昏睡多久？」

所以就我而言，我不是你其中一個所謂的比你還神聖的聖人。我愛你，尊敬你。我是感激的，只是你無法了解。

我非常感謝每個來見我的人，分享我的喜悅、分享我的存在、成為我的慶祝的一部分。

奧修，自從那晚灌頂後，我感覺很懶。整天躺著，不想做任何事。我甚至得強迫自己吃飯、洗澡或靜心，即使強迫去做，我也會半途放棄。放下了一切。一個奇怪的轉變正在發生。我的血壓起伏不定，頭部一直熱熱的；性衝動持續著。一種不同的了解——或者最好說，一種不同的經驗——在發生。

我很多以前認知的一切，現在則有了不同的全新意義。對生命有了一個奇特的接受感。我發現沒有好壞新舊之分：人們一直是他們應該是的，不可能是別的。我也發現以前互相會合並一起工作的人——我並沒有真的和他們會合。我現在了解到他們都用自己的方式在同樣的愛和感情下工作著，而我只是給出自己的結論和看法——那是和他們會合及了解他們的阻礙。我首次感覺知道他們，他們過去做的一切和現在做的一切已經比實際的情況好很多了。在這樣的接受下，我開始對每個人有一種奇特的愛和感情。

鍾愛的奧修，我發生什麼事了？我真的變懶了嗎？或者只是從一個極端來到另一個極端？——或者這是放開來？

我還有一個越來越深的、持續增加的渴望，只想坐在你的腳邊，讓綠草自行生長。

發生的一切都是完全需要的。那是轉變的一部分。只要讓它發生。

不要強迫任何事，甚至靜心。慢慢的，這個階段會消失，你會在每件事上有全新的體驗，包括靜心。那不會是你在做某件事，而是自行發生的。

一開始是人在靜心，但結束時則是靜心自行發生。

除非靜心變得像呼吸——你不用做它——否則你仍是不成熟的，一個初學者。當靜心變得像呼吸，你會忘掉關於它的一切。它就只是存在；你做的一切都會是靜心的、平和的、寧靜的、充滿愛的。你做的一切開始有了魔法般的效果。

小東西——一朵花或草地上一片乾枯的葉子——開始有了無窮的美。在你周圍的新色彩和新空間會持續發生。但那不是你的作為，因為你能做的一切都會是小於你的。任何小於你的，不會是我們在找尋的那個奇蹟。

它必須發生。我們所有的努力只是做好讓奇蹟發生的準備。

我們無法引發奇蹟；它不是因果關係。不是我們做了某件事，然後奇蹟就會發生在我們身上。你做的一切不是因，只是移除一些擋在路上、不讓奇蹟發生的阻礙。那不是因果問題。

當阻礙被移除了，你只需要等待。

那就是為什麼你有一種只是靜靜坐著的感覺⋯不做任何事，當春天來了，綠草會自行生長。

第十五章
記住你是誰的方法

奧修，透過你，我看到了起點，但看不到終點。請評論。

這個朝聖之旅是沒有終點的，只有起點。這是個很深奧的問題。據說佛陀說過：「這個世界從未有過開始，但它會結束。成道有開始，但它永遠不會結束。無知沒有開始，但它會結束。覺知只有開始，沒有結束。」

所以那是完全正確的，你看不到任何終點，你只會看到起點。那不是我的錯，不是你的錯；事情就只是這樣。

在日常生活中，俗世的生活中，一切都是有限制的；有範圍的。在心靈的領土中，沒有任何經驗是有限制的；它是海洋般的。它只是持續下去，你永遠不會來到一個可以說：「現在，我抵達了。」你會一直到達不同的狀態，但你永遠不會抵達——因為那會是死亡。如果心靈成長的層面有其終點，那會是死亡，沒別的了——因為不再有任何可能性的發生、不再有任何門會開啟、不再有任何花朵會綻放。一切都已經發生了，那時，一切都會是過去，不再有未來。

那就是終點的意思——一切都過去了，不再有任何未來。和我在一起的朝聖之旅是透過放棄過去而開始。

你卸掉越多過去的負擔，你的未來就會變得更巨大。當不再有任何過去留下，不再有任何心理上的煩惱，你接下來面對的一切會是無限的——無束縛的成長，永遠不斷的挑戰。你越深入它，它就變得更美好。

你走過的路越多——目的地不會越來越近，但你會越來越平和、寧靜和歡欣。隨著每一刻的過去，你的生命會變成越來越喜樂的存在；它變成一個祝福——不是對你如此，而是整個存在。但它是沒有終點的，朝聖之旅是無止盡的。它只適合那些沒有要尋找目的地的人。

尋找目的地的人是平庸的人。他們有一個目標，然後達到；他們變成一國的總統，達到目標了；他們想要很多錢，然後得到了。但你是否看到他們受的苦？當他們達到目標，是否真的得到什麼？

達到目標只是使他們發現自己是笨蛋，追逐著影子。某個人是總統，某個人是國王，那又如何？人是一樣的，也許更糟——因為成為國王的一路上是充滿暴力、腐敗、背叛和狡詐的。他會做任何事——只要能成為國王。他可以賣掉靈魂——他確實賣了靈魂——坐上王位，但卻是一個沒靈魂的人。

佛陀出生時是個王子，他是國王唯一的兒子。但在登基前，他逃走了。國王老了，想要退位了。他是一個美麗、年輕、有智慧、有教養的人。年紀也夠了——二十九歲——國王要他管理整個王國。

事實上，那是其中一個他想要逃走的原因，因為他目睹了父親空虛的一生——外在是富有的，但內在是貧窮的。他擁有一切，但沒有任何平靜、愛和慈悲。他從不了解美、詩和音樂；沒時間接觸這些。他一直和其它國家戰鬥。一生都是個戰士——得到了什麼？只是把生命浪費在無意義的戰爭。

他從未有過喜樂的夜晚。他有一個美麗的花園，但沒人在花園看過他。玫瑰雖然綻放，但卻不是為了他；他沒有可以欣賞的雙眼。

他看到了偉大國王的空虛，他的智慧告訴他不要重覆同樣的愚蠢循環。他逃走了。國王找遍了整個王國；悉達多知道他會瘋狂的尋找。整個王國都是父親的軍隊；所以他逃出了王國，跑到別的王國。但有人看到他的馬車往邊界奔馳著。於是國王通知鄰國的國王，也是他的朋友：「我的兒子逃到你的王國。試著找到他。」鄰國的國王很高興，因為他希望悉達多可以娶他的女兒。他只有一個女兒，沒有兒子，他想要一個可以管理兩個王國的人。這兩個王國都是很大的王國。

他在森林裡的山洞找到了悉達多。他們是互相認識的。他說：「這是什麼樣的瘋狂？我的王宮在那兒；如果你不想和你的父親生活，你可以來找我。這個王國就像你自己的王國——跟你的王國一樣大。你對我而言就像個兒子。我和你父親是好朋友，你知道的。不要做蠢事；跟我上馬車離開這兒，如果你不想回家，沒人會強迫你。」

悉達多說：「我不是為了你的王國而逃離我的王國。不是為了得到更大的王宮而離開我的王宮——因為我知道，如果那個比較小的王國和王宮就已經如此的空虛，那在你的王國和王宮中會是更大的空虛和無意義。」

「我可以從你的眼中看到。看過我父親的雙眼後，我幾乎是個專家了；我可以從一個人的雙眼判斷他的內在是否有任何東西，或者內在只是個窮人。他可能是個國王⋯但對我而言，你只是個乞丐，就像我的父親。你們確實是朋友。不要打擾我。我在尋找某個無法被奪走的，連死亡都無法摧毀的。我在尋找某個可以把王國帶進我的心的。」

「我不是在尋找任何外在的東西，寧靜、愛、和平、慈悲和美感都必須在我的內在中。任何有價值的東西都會是內在的。我在尋找自己。只要仁慈點，不要打擾我；否則我得前往其它的王國。」

在俗世中，目標是存在的。在心靈的國土中，是沒有任何目標的。

這是個純粹的旅程，沒有要到任何地方。記住這個字「nowhere」，它是很美的。

有一個無神論者——無神論者比有神論者更常談論神。這是奇怪的⋯他們整天都在反對神。他是個很狂熱的無神論者，甚至在他的辦公室牆上寫下「神不存在於任何地方（God is nowhere)」——每個進去辦公室的人都會先看到那句話。所以會成為他們先討論的話題；然後他會忘掉來辦公室的目的。

有一天，無神論者在教他的小孩念書。他會念字母較少的字。他會念「God」——那不是很複雜的字——但 nowhere 是複雜的⋯小男孩念成「God is now here」——他把 nowhere 變成 now 和 here。「nowhere」太長了，他把它變成兩部分。

但他的父親——寫下那句話的人，已經看了那句話好幾年——從未發覺到 nowhere 也可以是 now here。突然一個覺醒——他開始思考：「也許小孩是對的。我所有的辯論都只是辯論，無法證明神不存在。我還沒探索整個存在，卻說祂不存在於任何地方。那句話是愚蠢的。只有去過每個地方但仍然沒看到神的人可以這麼說。」他心想：「談論宇宙的意義在哪兒？我連自己都沒進入過，卻談論每個地方。也許我應該開始旅行，從此時此地開始。」

朝聖之旅會從此時此地開始；它永遠不會在任何地方結束——因為那一直是在此時此地。在存在中，只有此時此地存在。

在語言中，會有那時⋯那個地方——但不是存在中。存在中的一切都是在此時此地。此時此地不是分開的；它們是同一個實相的兩個面向。

這是現代物理中其中一個最重要的發現：空間和時間不是兩件事。空間的意思是此地，時間的意思是此時。

愛因斯坦，一生都在研究時間和空間的人，最後不再使用時間和空間這兩個字。他創造了一個字，時空，因為他所有的研究都得到一個結論——時間和空間不是兩件事，它們是同一件事。你無法把此時和此地分開來。

旅程會從這個此時到另一個此時，從這個此地到另一個此地，而且不會結束。那是永恆的朝聖之旅。

一個人應該感到歡欣，生命是永恆的，我們是永恆的一部分，死亡不存在，沒有結束、沒有句點……

奧修，過去六個月沒有你在旁邊的生活是沒問題的，但內心深處，一直有部分的我感到痛苦，想著你。現在，和你在一起，那個痛苦立刻消失了。是否有任何方法可以讓我過著沒有你的生活，即使沒有成道仍感到滿足？

你在一個問題中問了兩個問題。

沒有我的生命可以是滿足的——因為我可以待在你的內在，何必要待在外面？但生命無法不透過成道而滿足：我無法這麼安慰你。滿足和成道是同一件事。

成道並不困難。那是存在中最簡單的，因為那是你的本性。

你生來是成道的；你只是需要記起來。那不是個成就，而是想起來。

有個老國王在煩惱：如何選擇繼任者？他有個兒子，但就像其他父親，他無法相信自己的兒子能做任何事。他詢問了師父。師父說：「問題不在於你的兒子，而是你——你要如何說服自己——他是做得到的？你做一件事：把他趕出王國，告訴他：我要和你斷絕關係。」

國王說：「這對那個可憐的孩子似乎太過分。」

師父說：「如果你想聽我的，就照著做。」

兒子被趕出了王國，不再是王子，他必須靠自己活下去。他變成了乞丐——這會是個問題：如果某個國王失去了自己的王國，他唯一能做的就是當個乞丐。他無法做任何事。他不懂任何技藝。這會讓你有個深入的洞見——國王的內在都是乞丐。一旦外在的王國被奪走，剩下的會是乞丐。當王國還在，乞丐躲起來了，躲在別人看不到的地方。但現在王國被拿走了⋯⋯年輕人除了乞討無法做任何事。

數年過去了。他甚至忘掉自己曾經是王子。乞討了數年——你怎麼會記得？要記得，某個氛圍是需要的。現在，當一個乞丐，同時要記得自己曾經是王子，那不太可能。乞丐的世界是無法幫你記得的；他完全忘掉了。

而且記得也是沒意義的；那是不必要的折磨。你得睡在路上，吃你從未想過你會吃的東西，你得穿破衣服。你甚至沒地方遮風擋雨。

只是活下去就這麼辛苦，如果還要記得自己曾經是王子，他會想：「我一定有了幻覺。不可能是王子，我一定在作夢。不然怎麼會這樣？」因為他從未犯罪，從未做任何會失去王國的事，但王國消失了。最好還是忘掉，因為那是傷人的，那是個傷口。最好還是讓那個傷口痊癒。

多年以後，當他站在一個破旅館前面要水喝時，一個黃金馬車在路上停了下來，然後首相⋯看到黃金馬車使王子感覺他以前好像看過——「一定是想像。這個老人很像我以前認識的人，但他沒這麼老。」但他仍無法想起自己曾是個王子。

但首相觸碰了王子的腳，就在那個觸碰的當下，疑惑不見了。那些年的乞討變成從未存在的，他只是說：「你為什麼這麼多年後才來？」他的聲音也變了——那是王子的聲音，不是乞丐的。

首相說：「國王快死了。他要你回去。你的考驗結束了。國王要你了解人的最低層次的存在——乞丐；這樣當你成為國王，就不會忘掉乞丐也是人，乞丐也許是偽裝後的王子。他要你了解當一個國王不表示你是比較優秀的。你也許擁有一切，但內心深處，你仍是個乞丐。你的考驗結束了，國王快死了，我們得快點回去。」

旅館的客人和周圍的鄰居都認識這個年輕的乞丐，他們無法相信，因為這個乞丐完全不同了。他的臉不再是乞丐的臉——雖然他穿著破衣服，但那個表情，整個人完全變了。他是個國王。

那是個古代的故事。古代的故事不只是娛樂用的；它們有其要傳達的訊息。這個故事包含了這麼多訊息⋯

這個故事表示你的成道、你的覺醒，不會是從外在發生的。不是某個你得達到的，而是某個你與生俱來的。

但你生在乞丐中，看到周遭都是乞丐，你也開始模仿他們。成為乞丐是在模仿。但你的成道不是個成就，只是要想起來。

所有靜心的技巧都是想起你是誰的技巧。

不知道自己是誰，滿足就無法發生。如果內心深處的你只有黑暗和無知，你要如何滿足？如果你不知道自己，你要如何滿足？在滿足發生前，基本的條件是想起來。奇蹟是一旦你想起來，滿足會同時發生——你不用付出任何努力。它們是你的成道、想起自己所綻放的花朵。

你可以過著沒有我的生活，那很簡單——因為我可以待在你的內在。事實上，即使你在外在的世界看到我，你也會在你的內在中看到我。你現在看到我，實際上是看到你內在的影像。我也許在這兒，也許不在這兒；也許只是夢。你可能會醒來，發現我不見了。

你的愛會讓我成為你的一部分。那完全由你決定是否開門讓我做你的客人。外在的人是無關緊要的。

但是你無法把滿足和成道分開。它們是一，無法分開的。滿足是成道的副產品。而成道是如此簡單：但無數人在試著滿足。他們永遠無法滿足，因為滿足是個副產品。你無法直接滿足；它會以成道的影子來到。

所以那些想要成道的人也許沒想過滿足；一旦他們成道，他們會突然感到完全的滿足。而那些想要滿足的人無法得到它。金錢、權力、政治、愛情關係——他們持續在每個地方尋找滿足，然後持續在每個地方受挫。他們的一生只不過是無意義的練習。雖然他們想要滿足，卻總是受挫，因為他們忘記去了解一件事——滿足是無法直接得到的，那是個副產品……——你不該在意它。你應該對真實的經驗下工夫；然後副產品會一直在那兒。

但你的問題是重要的，它有一個漫長的歷史，跟人一樣的古老。我們知道佛陀，他是如此的滿足，你無法想像他還需要什麼。你自然會產生想要跟這個人一樣滿足的慾望。你無法看見他的成道——那才是問題所在。你可以看見他的滿足、寧靜、慈悲、仁慈、愛、優雅、美、完整和獨立。一切都吸引著你。

你想要有這樣美麗的人格。你想要雙眼有同樣的光，想要生命中有同樣的火焰和喜悅，但你不知道這些都是副產品。如果你開始尋找它們，那就走錯路了：你永遠無法找到，你會是完全挫敗的。發生在他身上的一切是因為他的覺知、絕對有意識的。那是他的意識綻放的花朵。

你只看到花朵。花朵是吸引人的，花朵是芳香的，你想要那些花朵。但你沒發現那些花朵從某些看不到的根部得到汁液——那些看不見的根部就在成道中。

最簡單的方式就是先成道，然後其它你想要的一切會自行來到你身上。

奧修，我很高興你用棍子打了我。我是幸運的，我應該得到的。我很驚訝我不了解頭腦的遊戲和我的虛偽。在你的存在下，透過你的洞見，我可以越來越了解和感覺到我無覺

知的缺點和醜陋。我為此向你感謝，但我需要你多打我幾下，我才能無法繼續昏睡。

你太貪心了。我會多打你幾下，但不是因為你欲求我這樣做。

我不能滿足你的貪婪。你會被打——每當時機正確的時候，每當我看到你需要的時候。但貪婪不是需要。

你很享受，你用不同的角度看事情。讓那個了解越來越深入你；讓它變成你的血液、骨頭和活力。然後等待，等著被打。

奧修，在最後幾個月，特別是你在葡萄牙的時候，我和很多朋友真的很沮喪，不知道去哪兒，不知道要做什麼。當我遇到海斯雅，她說你說我們都有個隔閡，活在隔閡中是其中一個最痛苦和令人煩惱的經驗；不要錯過那個片刻，因為它可能不會再發生。是否可以請你談談這個隔閡？

你和我在一起越久，你就越視我理所當然。換句話說，你就越容易忘掉我。因為我是隨手可得的，不需要記得我。

二次大戰中的某一天，希特勒宣告他將要轟炸倫敦塔。那是個令人震撼的經驗：無數人生於倫敦，在倫敦過了一生，經過倫敦塔無數次，但總是拖延——「它還在，我們也還在。隨時可以去看。」每天都有人從世界各地來到倫敦看它。那些倫敦的居民聽到這個消息後，立刻去看它。但人數是如此多以致於不可能進入，雖然每個人都想第一個進去。

英國人是非常喜歡排隊的，但那天他們忘掉要排隊。如此的著急；那不是一個公車站，可以讓你站在那兒撐著傘談論天氣，像個好英國紳士般的排隊。這不是當好人的時候，不是當紳士的時候。每個人都擠來擠去。連教授、醫生、有教養的人，舉止都像個村夫；他們想要進去參觀，因為明天就看不到了。

人類的頭腦對於隨手可得的一切會是不注意的。

當美國的社區被法西斯政府摧毀後，除了共產國家，美國聯絡了所有國家：甚至不讓我用旅遊的名義進入。那是前所未見的。我從未去過那些國家；我沒在那些國家犯過罪或做過違法的事。但他們的國會仍然通過法令不讓我入境。

桑雅士們處於很大的混亂中。

那就是我說的：隔閡。當我是隨手可得的，他們錯過我了，現在他們想要我，因為我不是隨手可得的。他們處於懶散、昏睡的狀態，他們錯過某個可以得到的。現在他們不知道我是否還能是隨手可得的。一個想要和我在一起的巨大慾望：只是頭腦的鐘擺——從這一邊到了另一邊。

他們和我在一起相處了五年，認為我們會永遠在一起。他們想要某個東西；但延後了。

他們想要和我會合；但延後了。他們想要見我；但延後了，為了小事延後——因為女朋友堅持要去湖邊，男朋友想要去迪斯可。他們為了小事延後。現在他們甚至不知道我在哪兒，因為我毫無原因的不斷被騷擾，從一個國家被趕到另一個國家。

我沒犯任何罪，但警察在半夜來到，說我得馬上離開。他們也很尷尬，因為他們沒有任何逮捕令，沒有任何可以告訴我的理由。那些稍有人性的人則不只感到驚訝，還會說：「這是我們第一次沒拿到任何公文，毫無原因：這個人必須馬上被驅逐出境；他的存在會危及這個國家。」

但危險是什麼？就是美國政府威脅他們：如果你不把這個人驅逐出境，所有我們提供的貸款得立刻償還。還有未來兩年的貸款，數十億美金，會立刻取消。如果你無法償還，利息會從今天起開始加倍。

現在，那些國家無法應付：他們無法償還貸款，無法支付雙倍利息。無法放棄未來兩年的貸款，因為他們未來兩年的專案都依賴那些貸款；他們的整個經濟會崩塌。

美國總統對其中一個國家的總統說：「你可以選擇這個人或者美國。那個國家的總統流著淚告訴我：奧修，你的來到至少使我們發現我們不是獨立的。我們的獨立是虛假的；我們在經濟上是奴隸，不得不把你趕走。」美國總統堅持不能讓我離開，而是把我驅逐出境，這樣我就無法再進入那個國家——因為我在那個國家有一年的居留權。所以必須取回我的居留證，把我驅逐出境。

那個總統說：「我們不知道要如何把你驅逐出境。你沒犯任何罪。我們要如何取回居留證？以前從未這樣做過。除非有人犯了滔天大罪——謀殺或強姦——否則不能取回那個證件。我們告訴美國總統這違反了我們的憲法，但他們堅持這不是憲法或法律的問題：你只需要把他驅逐出境。因為他無法再入境，所以他無法去法院控告，你不用擔心。」

所以世界各地的桑雅士都處於奇怪的隔閡中。他們想見我，但不知道我在哪兒。他們到處詢問；從這個國家到另一個國家。聽說我在西班牙；他們會去西班牙，但到了那兒，我已經被驅逐出境；等他們到了希臘，我已經被趕出希臘。

這給了你很多洞見。第一：不要拖延；明天並不存在。

不要把我視為理所當然，因為明天我可能被槍殺。根據來自華盛頓的可靠消息——不只一個來源，有三個來源，都得到了同樣的消息——美國政府準備付五十萬元給任何殺了我的職業殺手。

這個隔閡是重要的——如果我不在了，無論我對你說了什麼，我給予你的靜心，都會和你在一起。如果你想要和我在一起，靜心會是唯一的方式。你將無法聽我說話，但你將能在寧靜中感受到我。

這造成了一個混亂，因為社區已經如此安定；沒人想到美國政府會是如此的狂熱基督教作風，想要摧毀社區。

這就是生命的原貌。

記住，我們一直被死亡控制著，所以不要拖延那個必須進行的。拖延不重要的；而重要的，必須現在就進行。

你經歷過混亂是好的。社區被摧毀了，但造成更強大的運動。未來才看得到，未來會證明那是好的。就我而言，發生的一切，最終的結果都是好的。因為社區已經不在了，世界各地的桑雅士帶著那個芬芳和訊息散落在每個國家。現在，小的社區會在世界各地迅速成長。這是好的，一個社區比不上世界各地的數千個社區。全世界都成了我們的社區——將有可能改變更多人、轉變更多人。

社區只是個實驗，證明完全成功了，所以我們現在知道它可以在任何地方成功。只需要落實理論上的概念，我們已經完全成功的把它實現了。參與它的五千人將能毫無困難的創造出五千個社區。

沒有一個桑雅士被摧毀。相反的，無數的新桑雅士加入了這個運動。首次有更多人聽見，開始思考它，閱讀它。那變成一個世界性的運動。

美國政府很後悔，它們犯了錯：使小型社區變成一個世界性的現象，世界各地的語言中家喻戶曉的名字。人們開始詢問，為什麼世界各地的政府和宗教都在反對一個人——「那個人一定是個重要人物；否則不會有這麼多政府和宗教一起反對它。」

我在某一天得到一個消息。一個很重要的美國思想家，也是作家和小說家，在採訪中說：「奧修沒被釘上十字架，因為那已經不流行了，但美國政府用盡各種手段要把他釘上十字架。」他是個基督教徒，但他在採訪中說：「自耶穌基督之後最危險的人。」

美國沒造成任何傷害。他們試了各種方式，但仍無法對真理造成任何傷害。

而且這個隔閡使桑雅士們更強大，即使沒有我，這個運動也會繼續下去。

奧修，我為什麼會反對你周圍的管理階層和重要人士？

很簡單。因為你想要成為他們，所以你反對他們。

你不是謙虛的人。你在這兒不是為了靜心。你在這兒仍是一個追求權力的人。這是如此明顯，如果你看不出來，你一定是完全盲目的。

某種管理階層是需要的；它是功能上的。這是個小地方。如果一千個人進來這間房子，一個管理階層是需要的，那些管理階層看起來似乎是掌握大權的。但有什麼權力？那只是功能上的，實用的。而你為此反彈。

可以讓你進入管理階層——但那時會換成別人反對你。或者每個人都可以成為管理階層；但那時你要管理什麼？所以不要這麼蠢。那些管理階層管理得很好，他們謙虛的管理著——沒人是自大的，沒人試著控制。但有些時候，他們得讓你知道有些事是不能做的。

你想要什麼？

我在雅典時有一個新聞採訪，裡面有四十個警察。我說：「這是警察會議嗎？我是要跟誰說話？」這些人被派來阻止我說話，他們不允許任何人進來。只有警察在那兒。而新聞記者：

如果沒有管理階層，你會看到很多刑警和警察坐在這兒，只是為了浪費我的時間——因為我要說的話對他們沒有用。他們也在浪費他們的時間。所以得有人去過濾進來的人，只能讓幾個警察進來。他們在這兒。即使沒人知道，我可以告訴你誰是警察，因為他沒在聽我講話——他在察看四周。他在做什麼？他的人完全不在這兒。

所以這沒什麼，只不過是你的自我。放下它。這沒什麼值得討論的；只需要放下它。

奧修，你這一生從不做任何妥協，但我們需要一個師父。怎麼可能接近你卻又不做任何妥協？

這是同一個人問的。

他的意思是他想要接近我，這個接近是沒有任何妥協的，但「我從未有過師父。」這很單純：我沒有師父是因為我從不妥協。我沒去問任何師父：「要如何在不做任何妥協的情況下接近你？」如果你不想妥協，就不需要接近我。越接近我，就越得妥協。

我從不妥協，但我從未有過師父。所以我得付出代價；我得獨自努力。如果你不想妥協，那很好，但你得準備付出代價——獨自努力。你無法同時擁有兩者。

只是想到師父就表示你準備要成為一個弟子，已經開始妥協了。你得聽師父的。你得拋棄你愚蠢的辯論，因為沒有師父有時間。師父說：「保持寧靜。」如果他要你兩年不講話，那就兩年不能講話。那象徵你接受師父了。

曼蘇爾，其中一個蘇菲神秘家，記得自己去見他的師父朱奈德時，朱奈德作了一個手勢要他坐下。他甚至沒講話；他沒說：「坐下。」只是個手勢：坐下。這樣持續了兩年——曼蘇爾進屋後。其它門徒都在那兒，朱奈德會比個手勢，曼蘇爾會坐下。

兩年後，朱奈德看了他後笑了，做了一個手勢要他靠近，然後曼蘇爾會坐在他的腳旁。又過了兩年，朱奈德把手放在他的頭上，看著他的雙眼說：「工作完成了。曼蘇爾，你可以離開了。教導結束了。」六年來他對很多人講話，但沒對曼蘇爾說過話。這些話是六年後唯一說出來的。曼蘇爾觸碰了他的腳…充滿感激的淚水。

他後來變成一個師父，他的門徒常問他：「那六年發生了什麼？」他說：「那是個奇蹟。他慢慢的殺死我的自我。第一天，他只是做了一個手勢，我很憤怒。他對別人說話，卻不對我說話」——兩年！但你無法生兩年的氣。他變成悲傷的——「這會持續多久？」憤怒離開你後會使你留在悲傷中；但你能悲傷多久？

一天、兩天、一個月、兩個月…悲傷漸漸變成寧靜。當它開始變成寧靜，那會是師父對他微笑的時刻；那表示「你正確的進行著。」在憤怒中，他可能會停止，不再來——何必找這個人；何必向這個人妥協？在悲傷中，他可能會停止——何必受一整天的苦？這個人似乎是苛刻的，石頭做的。你在悲傷中受苦，但他甚至不看你一眼。

但每個師父都有自己的方式。

當師父笑了，曼蘇爾了解到他的寧靜已經被注意到了。他被接受了。他被叫到師父旁邊。你說你想要接近我？我會像朱奈德一樣。如果你有勇氣……曼蘇爾一定是有勇氣的人。四年後，朱奈德把手放在他的頭上；六年後……他看著他的雙眼。那是師父和弟子的會合。看著他的雙眼，朱奈德可以看見——轉變發生了。不需要再對這個人說什麼了。他被允許離開，成為一個師父，用自己的方式去教導。曼蘇爾變成比朱奈德更有名的師父。他擁有勇氣和膽量。

如果你選擇不妥協，那很好。我完全為此高興。

但你的問題是愚蠢的。當我想到你的問題，你一定會在某個地方妥協。你無法靠自己成為師父。

奧修，來吧，我鍾愛的，我挑釁你，來殺了我。我感覺今天充滿生氣。明天可能就無法有這樣的感受。現在就來殺了我。

我的天！你知道警察在這兒吧。殺了你沒問題，但我還沒殺人就被視為繼耶穌基督之後最危險的人，如果我開始公然殺人……請私底下來找我。

關於靜心村

奧修國際靜心村

位置：位於距離印度孟買東南方一百哩外的普那市，奧修國際靜心村是一個與眾不同的假日勝地。靜心村座落在一個樹木林立的高級住宅區內，是一個擁有四十英畝大的壯麗園區。

獨特性：靜心村每年招待來自一百多個國家的數千位遊客。獨特的園區提供機會使每個人可以直接體驗一種全新的生活方式｜帶著更多的覺知、放鬆、慶祝和創造性。全年提供不同的服務項目，以及每日的不同課程選擇。其中一個選擇是什麼事都不做，只要放鬆！

所有課程都是依照奧修對於「左巴 佛陀」的見解｜一種不同品質的新人類，能同時過著創造性的日常生活，及放鬆在寧靜和靜心中。

靜心：每日的靜心行程表，針對每個人提供不同的靜心課程，被動的和主動的，傳統的和革命性的，特別是奧修動態靜心，它是在奧修大禮堂｜全球最大的靜心大廳中進行。

多元大學：針對個人的講習、授課和討論會涵蓋了創造性藝術、整全健康、私人轉變、關係和生活變化、工作靜心、奧秘科學，以及用於運動和娛樂的「禪」的方法。多元大學成功的秘密在於所有課程都和靜心緊密的結合，人們可以了解到人類是整體的，而不是部份的。

芭蕉Spa：舒適的芭蕉Spa讓人們可以在圍繞著蒼翠樹木的露天場所下悠閒地游泳。獨特的風格、寬敞的浴池、桑拿、體育館和網球場…令人驚歎的設計更是提升了它們的美感。

飲食：各種不同的用餐區提供美味的西方、亞洲和印度素食｜為了靜心村，它們大部分是透過有機種植而得。麵包和甜點則是在靜心村內自有的麵包坊進行烘烤而成。

夜晚的生活：多種晚間節目可供選擇｜跳舞是其中的首選！其他活動包括星辰下的滿月靜心、各種表演、音樂演奏和每日靜心。

或者你可以只是在廣場咖啡廳裡享受和人們的聚會，或者在寂靜的夜晚漫步在童話故事般的花園中。

設施：你可以在購物廳購買生活所需的日常用品和化妝品。媒體廳則販賣各種奧修影音產品。還有銀行、旅行服務處和園區網咖。對於那些喜愛購物的人，普那提供了各種選擇，包括從傳統的印度民俗產品到全球知名品牌的商店。

住宿：你可以選擇住在奧修招待所裡的高雅客房，也可以選擇長期住宿的套裝居住行程。此外，附近還有各種不同的飯店和公寓可供選擇。

更多資訊請瀏覽www.osho.com/meditationresort

關於作者

奧修反對分門別類。他的數千種談論涵蓋了一切，包括個人詢問的問題，以及現今社會當務之急所面對的社會和政治議題。奧修的書不是書面文字的，而是根據他對國際聽眾所作的即席演講的影音紀錄所謄寫而成。如他所說：「所以記住：無論我說了什麼，那不只是針對你…我也是為了未來的一代而談。」倫敦周日時報說奧修是「創造二十世紀的一千個人」的其中一位，美國作家湯姆羅賓斯說奧修是「自從耶穌基督之後最危險的人」。印度周日午報說奧修是和｜甘地、尼赫魯、佛陀｜等十個改變印度命運的人。關於他的工作，奧修說他是在幫助創造一個誕生出新人類的環境。他常將這樣的新人類稱為「左巴佛陀」｜可以同時是享受娛樂的希臘左巴和寂靜的喬達摩佛。如同一條聯繫著奧修各種書籍和靜心的線運作著，包含了過去各時代的永恆智慧以及現代（和未來）潛力無窮的科學和技術。奧修為人所知的是他對於內在轉變的科學的革命性貢獻，以及用於現代快速的生活步調的靜心方法。他獨特的奧修動態靜心設計，讓人先釋放出身體和頭腦累積的壓力，以便更容易在日常生活中體驗到寂靜以及無念的放鬆。

關於作者，有兩本自傳作品可以購買：奧修自傳：叛逆的靈魂，〔繁體中文／除大陸外，全球販售〕；金色童年，〔繁體中文／除大陸外，全球販售〕。

奧修・奧義書 / 奧修(Osho)著；李奕廷譯. -- 初版. -- 臺北市：
旗開, 2018.08-
冊； 公分
譯自：Osho Upanishad
ISBN 978-986-89034-8-7(上冊：平裝)

1.印度哲學

137.4 107010634

欲了解更多資訊請瀏覽

www.OSHO.com

這是一個綜合性的多語網站，包括雜誌、奧修書籍，奧修演講的影音產品、英語及印度語的奧修圖書館資料文獻，以及關於奧修靜心的各種資訊。您也可以在這兒查詢奧修多元大學的課程表以及奧修國際靜心村的相關資訊。

相關網站：

http://OSHO.com/resort
http://OSHO.com/AllAboutOSHO
http://OSHO.com/shop
http://www.youtube.com/OSHO
http://www.oshobytes.blogspot.com
http://www.Twitter.com/OSHOtimes
http://www.facebook.com/pages/OSHO.International
http://www.flickr.com/photos/oshointernational

您可透過下列方式聯繫奧修國際基金會：

www.osho.com/oshointernational,
oshointernational@ oshointernational.com

奧修・奧義書（上）

原著：Osho Upanishad Vol.1
作者：奧修 (OSHO)
譯者：李奕廷 (Vivek)
發行：李奕廷
出版：旗開出版社
電話：(02)26323563
網址：www.flag-publishing.com.tw
電子信箱：flag.publish@msa.hinet.net
地址：台北市信義區松德路12號6樓
統編：31855902
匯款訂購：第一銀行007　帳號：158-10-012620 戶名：旗開出版社

經銷：紅螞蟻圖書有限公司
地址：臺北市內湖區舊宗路二段121巷19號
電話：(02)27953656

初版：2018年8月
定價：350元
ISBN 978-986-89034-8-7

Copyright© 1986,2010 OSHO International Foundation. www.osho.com/copyrights. 2018 The Flag Publishing Firm. All rights reserved.
Original English title: ***Osho Upanishad***
This book is a transcript of a series of original talks Osho Upanishad by Osho given to a live audience. All of Osho's talks have been published in full as books, and are also available as original audio recordings. Audio recordings and the complete text archive can be found via the online OSHO Library at www.osho.com

OSHO is a registered trademark of Osho International Foundation, www.osho.com/trademarks

本書之著作權為奧修國際基金會(www.osho.com/copyrights，1986年、2010年)及旗開出版社(2018年)共同擁有，保留所有相關權利。
原文書名：Osho Upanishad。
本書為奧修對聽眾所作的一連串演講 Osho Upanishad。所有奧修演講都有書籍出版和原始錄音檔案。可以透過www.osho.com的線上圖書館找到錄音檔案和完整的文字檔案。
OSHO 是奧修國際基金會的登記商標，www.osho.com/trademarks。